탁월한 리더란 성과와 관계의 두 마리 토끼를 잡는 사람이다. 이 책은 이를 가능하게 하는 구체적인 대화방법들을 제시한다. 우리나라에 탁월한 리더가 많이 탄생할 것을 기대하며 기쁜 마음으로 추천한다.
_**한근태** 한스컨설팅 대표

그동안 여러 리더십 책들을 보면서 감동이 있었지만 "그래서 어떻게"라는 점에서 늘 아쉬움이 있었다. 하버드대학의 조직 리더십 강의 등 최고 수준의 훈련 내용들을 우리 현실에 맞게 풀어낸 이 책은 그런 아쉬움을 해소하기에 충분하다. 이론과 현장 경험이 풍부한 김영기 박사가 수많은 리더십 워크숍을 진행하면서 효과가 입증된 내용을 담아냈다는 점에서 더욱 믿음이 가는 리더십 지침서이다.
_**류지성** 삼성경제연구소 연구전문위원

좋은 재료를 가지고 좋은 요리를 만들 듯이 협상이론, 설득이론 등 학자들이 연구한 중요한 이론들을 현장의 리더들이 쉽게 활용할 수 있도록 발전시켰다. ABCD 대화, POBS 칭찬기법 등 매우 유용한 내용들로 가득하다.
_**문형구** 고려대학교 경영대학 교수

리더십 코칭 분야의 최근 이론뿐만 아니라, 조직의 리더들이 당장이라도 활용할 수 있는 실천적 기법들을 리더십이란 큰 틀 안에서 상세하면서도 재미있게 설명한다. 좋은 리더가 되려는 모든 이들이 반드시 읽어야만 하는 필독서로 적극 추천한다.
_**정석환** 연세대학교 연합신학대학원장

리더십을 연구하고 교육하는 한 사람으로서 리더들이 현장에서 탁월한 리더십을 발휘할 수 있는 구체적인 방법들이 항상 고민이었다. 이 책은 그런 면에서 매우 실제적인 해답을 제공해준다.
_**전기석** 현대자동차그룹 인재개발원 팀장

리더는 어떻게 말하는가

리더는 어떻게 말하는가

1판 1쇄 발행 2014. 12. 11.
1판 5쇄 발행 2022. 10. 4.

지은이 김영기

발행인 고세규
편집 고우리
발행처 김영사
등록 1979년 5월 17일(제406-2003-036호)
주소 경기도 파주시 문발로 197(문발동) 우편번호 10881
전화 마케팅부 031)955-3100, 편집부 031)955-3200 | 팩스 031)955-3111

저작권자 ⓒ 김영기, 2014
이 책은 저작권법에 의해 보호를 받는 저작물이므로
저자와 출판사의 허락 없이 내용의 일부를 인용하거나 발췌하는 것을 금합니다.

값은 뒤표지에 있습니다.
ISBN 978-89-349-6959-4 13320

홈페이지 www.gimmyoung.com 블로그 blog.naver.com/gybook
인스타그램 instagram.com/gimmyoung 이메일 bestbook@gimmyoung.com

좋은 독자가 좋은 책을 만듭니다.
김영사는 독자 여러분의 의견에 항상 귀 기울이고 있습니다.

이 도서의 국립중앙도서관 출판시도서목록(CIP)은 서지정보유통지원시스템 홈페이지
(http://seoji.nl.go.kr)와 국가자료공동목록시스템(http://www.nl.go.kr/kolisnet)에서
이용하실 수 있습니다.(CIP제어번호: CIP2014033674)

Great
Leader's
Motivating
Skills

관계와 성과, 두 마리 토끼를 잡아라
리더는 어떻게 말하는가

김영기

김영사

프롤로그
리더십은 대화를 통해 발휘된다

직장에서 상사와 직원이 나누는 다음 대화를 보자.

> 강팀장: 김대리, 홍보실에 가서 상품광고 자료를 좀 찾아오게.
> 김대리: 예, 알겠습니다. (홍보실에서 자료를 구하지 못하고 돌아왔다.) 홍보실에 자료가 없다고 합니다.
> 강팀장: 그래? 그럼 기획실에 가면 찾을 수 있을 거야.
> 김대리: (한참 후 헉헉대며 돌아와서) 기획실에도 없다고 합니다……

상사의 지시와 직원의 단답형 대답이 반복되고 있다. 하지만 동일한 상황에서도 상사가 말하는 방법을 바꾸면 직원의 행동은 바로 달라진다.

> 강팀장: 김대리, 예산 절감을 위해 지난 1년간의 광고 비용

을 분석하려고 하네. 어떤 자료가 필요하겠나? 또 그 자료들은 어디에서 구할 수 있을까?
김대리: 광고 내용과 시기별 비용 등을 종합해봐야겠네요. 관련 자료는 홍보실, 회계과, 자료실 등을 두루 찾아봐야겠지요. 그 외에도 도움이 될 만한 곳을 찾아보겠습니다.

목표를 달성해야 할 책임을 진 직장의 리더들이 직원들을 이끌다보면 본의 아니게 직원들을 다그칠 때가 자주 있다. 이때 나무라는 방법이 잘못되면 많은 부작용이 따라온다. 다음의 대화를 보자.

고부장: (감정 섞인 목소리로) 송차장, 그동안 독려를 해도 발전이 없으니 내가 어찌하면 되겠어요?
송차장: (같이 화를 내며) 아니, 부장님, 시키는 대로 추진하는데도 안 되는데 어쩌라는 말입니까?
고부장: 당신, 도저히 말이 안 통하는구먼. 연말 실적평가 때 봅시다.

이러한 대화는 직원은 물론 상사에게도 스트레스를 남기며 자연히 조직의 성과는 떨어진다. 하지만 더 큰 문제는 직원의 문제점이 개선되지 않는다는 점이다. 다음은 직장에서 흔히 볼 수 있는 잘못된 대화의 전형이다.

    최팀장: 당신, 능력이 그것밖에 안 돼?
    양과장: 뭐, 실수한 것이라도 있습니까?
    최팀장: 도대체 무슨 생각으로 근무를 하는 거야? 과장이나 되는 사람이 직원들보다 못하니 원……

리더십은 대화를 통해 발휘된다. 표현방법이 근무 의욕은 물론 서로의 관계에 엄청난 차이를 가져온다. 마음에 상처를 주지 않으면서 메시지를 확실하게 인식시키는 것은 리더에게 무엇보다 중요한 역량이다. 직장의 리더가 직원과 대화할 때 생산적인 결과를 가져오는 도구는 크게 다음의 5가지이다.

    생산적인 결과를 가져오는 5가지 대화법
    첫째, 직원에게 동기를 부여하는 'POBS(팝스) 칭찬기법'
    둘째, 의견이 부딪칠 때 기분 상하지 않게 말하는 'PCS 대화법'
    셋째, 가벼운 문제를 간단히 해결해주는 'ABCD 대화법'
    넷째, 정답이 없는 문제에 답을 찾아주는 'POAH_S(포아스)

대화법'

다섯째, 고질적 문제직원을 다루는 '점진적 징계'

　이러한 5가지 대화법은 학습하고 실행하기가 어렵지 않다. 리더들이 이 대화법을 알고 있기만 하면 조직을 관리해나갈 때 어떤 상황에서 어떤 직원과 만나더라도 아주 효과적으로 대처할 수 있다. 이러한 대화기법들은 미국 하버드대학의 '조직 리더십' Organizational Leadership 강의에서 훈련하는 핵심 내용이기도 하다.

　조직 리더들의 대략 90퍼센트는 성과를 극대화하면서 직원들과 좋은 관계를 유지하는 2가지 목표를 달성하는 데 실패한다. 직원들과 우호적 관계를 유지하려니 성과가 떨어지고, 성과를 독려하자니 관계가 나빠지는 모순된 상황을 겪는다. 이는 다른 방향으로 달리는 두 마리 토끼를 모두 잡고자 애쓰는 리더들의 처지이기도 하다. 이 책에서는 이 2가지 목표를 동시에 달성하는 방법을 쉽고 명료하게 제시하고 있다.

　이 책에 소개하는 대화법들은 국내외의 탄탄한 이론과 실제 현장의 생생한 경험을 바탕으로 완성시킨 실전 조직관리 대화법이다. 대부분 국내에 처음 소개되는 내용들로, 미국 하버드대학을 비롯한 유명 경영대학원의 조직 리더십 강의에서 훈련하는 이론을 토대로 한다. 여기에 필자가 10여 년 동안 우리나라 리더들을 대상으로 한 리더십 워크숍에서 경험했던 현장 사례와 주요 착안점들을 더해 우리나라 현실에 맞게 발전시켰다. 한마디로 이론의 핵심을 놓치지 않되 현장의 리더들이 활용하기 쉽도록 구조화된 프로세스들이다.

쉽게 설명된 이론은 실행하기도 쉽다. 이 대화법을 알고 있으면 리더들은 조직을 이끌면서 어떤 직원과 어떤 문제를 겪게 되더라도 현명하게 대처할 수 있다. 이 책이 조직 내 리더의 위치에 있는 모든 사람들이 탁월한 리더로 발전하는 데 사다리 역할을 할 수 있기를 바란다. 나아가 리더는 물론 조직원 모두가 서로를 존중하는 관계 속에서 최고의 성과를 달성하는 데 기여할 수 있기를 바란다. 이것이 리더와 직원은 물론 조직을 발전시키는 '행복한 성공'이 아니겠는가?

끝으로 이 책이 나오기까지 내용 검토와 편집 과정에 많은 수고를 하신 권승호 교수와 김영사 고우리 팀장께 감사드린다.

2014년 12월
김영기

차례

프롤로그
리더십은 대화를 통해 발휘된다 005

출발하기

10점 만점에 9점 리더를 찾아서

어떤 리더가 좋은 리더인가? 017
인관관계가 나쁘면 업무성과가 떨어진다 020
90퍼센트 리더들이 잘못된 방법으로 대화한다 026

STEP 1

부드럽고 강한 대화를 위한 기반 공사

관찰 가능한 용어를 사용하라 035
나-표현법으로 말하라 041
나-표현법의 2가지 기둥 048
탁월한 리더의 5가지 대화법 052

STEP 2 — 마음을 움직이는 POBS 칭찬기법

POBS 칭찬기법의 원리 061
[PROCESS] 과정을 칭찬하라 064
[ONLY] 다른 사람과 비교하지 마라 068
[BEHAVIOR] 행동 중심으로 칭찬하라 070
[SMALL] 작은 것을 칭찬하라 072

STEP 3 — 의견을 반대할 때는 PCS 대화로

의견 반대가 감정 반대가 안 되게 하라 079
PCS 대화의 원리 084
[POSITIVITY] 상대방 의견의 장점을 인정한다 088
[CONCERN] 염려되는 사항을 설명한다 092
[SUGGESTION] 해결방안을 제안한다 095
실전 PCS 대화: 성공 사례 100

STEP 4 — 가벼운 문제는 ABCD 대화로

생각의 차이를 줄이는 것이 관건이다 109
ABCD 대화의 원리 113
[ACTION] 문제점을 행동 중심으로 짚어준다 119
[BRING] 문제행동이 초래한 애로사항을 설명한다 121
[CHANGE] 문제 해결에 필요한 변화를 요청한다 124
[DISCOVER] 상대방의 입장을 묻는 질문을 한다 126
ABCD 대화는 직원이 상사에게 해도 좋다 129
반성하는 직원에게는 ABCD 대화를 하지 마라 133
실전 ABCD 대화: 성공 사례 136

STEP 5 — 정답 없는 주제는 POAH_S 대화로

리더도 답을 모를 때가 많다 147
POAH_S 대화의 원리 150
[PROBLEM] 문제점을 공유한다 155
  리더의 생각을 관철하는 것은 '공유'가 아니다
  문제가 사실인지 먼저 확인하라
  침착한 대화 환경을 만들어라
  역할 변경과 시간 확장으로 설명하라
[OPTIONS] 개선방안을 의논한다 172
  리더의 답을 먼저 꺼내지 마라
  '지시'하지 말고 '제안'하라
  '역질문'의 꾀에 넘어가지 마라
[ACTION] 실행사항을 확인한다 184
  실행 방법을 확인하라
  실행 의지를 확인하라
  실행 결과를 확인하라
[HOPE] 희망과 긍정의 말로 마무리한다 195
[_SUSTAIN] 평소에 칭찬하고 계도한다 201
POAH_S 대화는 순환한다 204
실전 POAH_S 대화: 성공 사례 207

STEP 6 — '구제불능' 직원에게는 점진적 징계를

냉정한 사랑은 리더의 의무이다 225
생산적 질책의 2가지 원칙 231
  포커스를 맞춰라
  비공개로 하라
점진적 징계의 원리 240
1차 구두 경고 243
2차 구두 경고 및 확인서 작성 245
공식 문서 경고 253
공식 문서 경고의 엄정한 추진 255

다시 출발하기

관리자에서 리더로, 리더에서 코치로

코치형 대화는 느슨한 관리가 아니다 263
코치형 대화는 얼마나 효과가 있을까? 269
만성 적자에서 '상상할 수 없는' 흑자로, T사업부의 비밀 273

에필로그
결국 나와 함께 가야 할 '내 사람들'이다 280

부록 | **관리격자 이론** 283

참고문헌 287

출발하기

10점 만점에 9점 리더를 찾아서

> 유능한 리더는 사랑받고 칭찬받는 사람이 아니다.
> 그를 따르는 사람들이 올바른 일을 하도록 하는 사람이다.
> 리더십은 인기가 아니다. 리더십은 성과다.
>
> _피터 드러커

출발하기

어떤 리더가
좋은 리더인가?

직장인들을 대상으로 "어떤 사람이 좋은 상사라고 생각하는가?" 또는 "그동안 함께 일했던 여러 상사들 중에서 어떤 사람이 가장 기억에 남는가?"라고 질문하면 어떤 대답이 나올까? 다음은 리더십 워크숍에서 빈번히 나오는 대답들이다.

"나를 인정해주고 격려해주는 상사."
"겸손하고 권위적이지 않은 상사."
"고충을 경청해주고 해결해주는 상사."
"화를 내지 않고 유머가 풍부한 상사."

한마디로 '인간적으로 잘해주는 사람'이 좋은 상사라는 것이다. 그런데 이렇게 추가 질문을 해보자. "만약 리더가 그러한 특성을 갖추어 인간적으로는 좋은 사람이라 치자. 그런데 업무 추진력과 능력이 부족하여 성과가 낮고, 결국에는 직원들의 성과급 등 임금에도 손해를 가져온다면 어떻겠는가?" 응답자들은 순간 혼란스러워하며 고개를 갸웃하다가 "그렇게 되면 곤란하다"고 말한다.

세 번째 질문이다. "그렇다면 인간적으로는 단점이 많지만 능력이 뛰어나서 조직의 성과를 우수하게 달성하는 리더라면 함께 근무하고 싶은가?" 그러면 "그것도 싫다"고 대답한다.

단적으로 이 3가지의 질문과 답만 살펴봐도 탁월한 리더는 뛰어난 '업무성과'와 좋은 '인간관계', 이 2가지 요소를 동시에 갖춰야 함을 알 수 있다. 그런데 업무성과와 인관관계란, 비유하자면 서로 다른 방향으로 달리는 두 마리 토끼와 같다. 리더는 성과를 달성하기 위해서 원하든 원하지 않든 직원들을 강하게 독려하지 않으면 안 된다. 리더의 이러한 행동으로 직원들은 스트레스를 받고 불만이 쌓여 결국 관계가 나빠지기 쉽다. 반대로 직원들을 강하게 밀어붙이지 않으면 관계는 편안할 수 있지만 성과는 떨어지기 쉽다. 업무성과와 인간관계, 2가지 중 1가지는 놓치게 되는 것이다.

예전에 비하면 오늘날은 더더욱 리더들과 직원들의 관계가 메마르고 경직되기 쉬운 상황이다. 대부분의 리더들은 '제 코가 석 자'이다. 1년이나 분기별 등 단기성과로 평가받고, 성과가 부진할 때에는 바로 책임이 돌아오기 때문이다. 이들이 직원들과 우호적 관계를 유지하는 것은 당장의 필수 목표가 아니기 쉽다. 혹은 업무성과와 인간관계, 2가지를 다 갖추고 싶지만 성과 달성에 매진할 수밖에 없다는 것이 리더들의 하소연이다. 그러니 리더들은 이렇게 말한다.

"성과 달성이 우선이며 직원들과의 관계는 그다음 문제이다."
"직원들을 먼저 배려하면 성과는 떨어진다."
"성과가 떨어지면 간부는 낙동강 오리알 신세가 되고 만다."

결국 이러한 리더들은 직원들에게 지시, 독려, 통제의 리더십을 발휘하게 된다.

인간관계가 나쁘면
업무성과가 떨어진다

조직은 과업이나 목표를 이루기 위해서 존재한다. 리더가 성과 달성에 초점을 맞추고 지시통제형 리더십으로 조직을 이끌면 우선 '살아남는' 단기 목표를 달성할 수는 있다. 하지만 이러한 리더십은 장기적으로는 절대로 통하지 않는다. 미국 갤럽의 조사에 따르면 "일할 의욕을 결정짓는 가장 중요한 요소는 직속 상사와의 관계"이다. 만약 리더가 인간관계를 악화시키면서 성과 달성에만 매진한다면 조만간 성과 자체가 떨어질 것이다. 인간관계가 나빠지면 직원들의 불만과 스트레스가 심해지고 유능한 직원들은 조직을 떠나기도 한다.

    단기성과 위주로 직원을 다그치는 지시형 리더의 행동은 달리는 말에 계속 채찍을 가하는 것과 다르지 않다. 채찍을 맞은 말은 일정 기간 동안은 열심히 달리지만, 매를 맞지 않기 위해 달리기 때문에 마음속에서 우러나오는 자발적인 에너지가 없다.

또한 채찍에 맞은 상처 때문에 힘이 더 빨리 약해지고 만다.

직장의 구성원들도 마찬가지다. 직원들은 급격하게 의욕을 잃고 피동적으로 일하는 존재로 바뀌고 만다. 자존감에 상처를 받게 되며, 내면의 동기에 의하여 의욕적으로 업무를 수행하는 것은 더 이상 기대하기 어렵다. 이렇게 3~4년 정도가 지나면 직원들은 의욕도 능력도 사라진 C급 직원으로 전락하고 만다. 진정으로 성공하는 리더는 단기성과 달성은 물론 지속적인 성과 달성의 에너지를 잃지 않는 조직 분위기를 만드는 사람이다. '내가 있는 동안만 단기성과를 달성하고, 다음 해에 다른 부서로 이동하면 그뿐이다'라고 생각하지 않는다.

세계 최고 수준의 생산성과 품질을 자랑하는 일본 도요타 자동차의 경우를 보자. 도요타는 이미 20여 년 전에 이러한 문제의 심각성을 깨달았다. 철저하게 단기실적 중심으로 리더를 평가하다 보니 한계에 다다랐다. 회사의 토대를 이루는 직원들은 피로감에 젖어 있고 불량품과 고객 불만이 늘어났다. 도요타 경영진은 직원들이 일하는 방식이 180도 바뀌어야 한다고 판단했다. 이를 위해서는 리더들의 행동부터 변화시키는 것이 관건이었다. 결론적으로 리더들을 인사평가하는 데 1년간의 업무실적보다 '직원을 지도하고 육성한 정도'를 더 중요한 요소로 반영하였다. 지시형 리더십이 아니라 코치형 리더십을 발휘하라는 조직문화

차원의 획기적인 조처였다.

인간관계를 놓치면 장기적으로 성과도 떨어질 수밖에 없다는 점을 학문적으로 명료하게 연구한 글도 발표되었다. 미국 텍사스대학의 블레이크와 머튼 교수가 체계화한 관리격자Managerial Grid 이론이다.★ 관리격자 이론에서는 '업무에 대한 관심'과 '인간에 대한 관심', 2가지 모두를 달성하는 리더를 '이상형(9.9형)' 리더라고 부른다. 이상형 리더란 업무에 대한 관심에서도 9점, 인간에 대한 관심에서도 9점을 달성한 상태를 의미한다. 10점 만점에 9점을 최대 점수로 간주한 것은 여러 현실 조건 속에서 10점이란 점수는 달성이 불가능한 수준이라고 여긴 때문이었다.

블레이크와 머튼 교수는 먼저 현실 속에서 탁월한 성과를 내는 리더들을 선별하였다. 그리고 '업무에 대한 관심'과 '인간에 대한 관심' 이 2가지 축에서 탁월한 리더들이 어디에 치중하는가를 면밀히 조사하였다. 이를 통해 지속적으로 탁월한 성과를 달성하는 리더들은 '업무에 대한 관심'과 '인간에 대한 관심' 2가지 모두를 충족시키는 이상형의 리더십을 발휘하고 있음을 알 수 있었다.

★
세부 내용은 283쪽 부록 참조.

블레이크와 머튼 교수가 제시한 관리격자 이론이 우리에게 주는 시사점은 명료하다. 첫째, 업무성과와 인간관계라는 서로 상충되어 보이는 두 마리 토끼를 잡는 게 가능하다는 것이다. 둘째, 탁월한 리더로 인정받고 싶다면 반드시 이 조건을 충족해야 한다는 것이다.

　어떤 CEO가 중간 간부들에게 "직원들과의 관계는 신경 쓰지 마라. 조직 목표만 달성하면 된다"고 지시한다고 가정해보자. 즉, 조직의 존재 이유가 오로지 성과 달성에만 있다면 관리격자 이론의 이상형 리더는 어떤 대접을 받을까? 이런 경우에는 인간관계는 도외시하고 업무성과에만 신경 쓰는 '업무형' 리더도 아무런 문제가 없다고 할 수 있지 않을까? 이러한 의문에 대해 관리격자 이론은 "인간관계가 악화되면 높은 업무성과를 지속적으로 낼 수 없다"고 증명한다. 다시 말해, 업무성과를 달성하는 것만이 궁극적 목적이라도 이를 실현하기 위해서는 동료들과의 인간관계를 무시할 수 없다는 것이다.

인간관계와 업무성과,
두 마리 토끼를 잡는 리더가 존재할까?
미국 텍사스대학의 블레이크와 머튼 교수는
현실 속에서 지속적으로 탁월한 성과를 내는
리더들을 조사하였다. 이들은 10점 만점에
업무에 대한 관심에서도 9점,
인간에 대한 관심에서도 9점을 달성한
이상형의 리더십을 발휘하고 있었다.

90퍼센트 리더들이
잘못된 방법으로 대화한다

리더가 직원과 좋은 인간관계를 형성한다는 것은 어떤 의미일까. 직장에서 형성해야 하는 '좋은' 인간관계란 직장 밖의 사회적·사적 모임 등에서 형성되는 인간관계와는 다르다. 직장은 성과를 달성하지 않으면 굴러가지 않는 '이익사회'이다. 구성원의 업무 실적에 따라 보상에 차등이 있을 수밖에 없고, 실수와 잘못이 있을 때에 그에 상응하는 불이익이 주어지지 않으면 조직이 정상적으로 작동되지 않는다. 만약 직원의 부족함, 잘못, 근무 태만, 실수 등 책임을 물을 일이 있어도 리더가 이를 마냥 덮어놓고 용서한다면 어떻게 되겠는가? 조직의 활력은 떨어지고 열심히 일하는 직원들조차 근무 의욕이 저하될 수밖에 없다.

  리더가 직원과 좋은 인간관계를 만든다는 것에는 조직 공동의 이익에 반하는 문제행동을 한 직원들의 잘못을 고치고 개선시켜야 할 책임도 포함돼 있다. 칭찬과 격려를 하는 것이 좋은 관계를 유지하는 하나의 바퀴라면, 비폭력적 대화로 질책하고 행동을 개선시키는 등 어려운 대화를 이끌 줄 아는 것이 직장에서의 또 다른 관계 관리 바퀴이다.

생산적인 질책은 화내는 것과 전혀 다른 차원의 행동이다. 질책이란 용어를 일방적으로 상대를 혼내는 것이라고만 생각하는 사람이 있다. 그러나 생산적 질책은 직원의 행동을 바람직한 방향으로 이끄는 행동이다. 다음 대화는 평소 박과장의 근무 태도나 일처리 능력이 마음에 들지 않던 고부장이 화를 내는 장면이다.

고부장: 당신, 능력이 그것밖에 안 돼?
박과장: 뭐 실수한 거라도 있습니까?
고부장: 사업계획서에 오타가 한두 개가 아니고…… 도대체 무슨 생각으로 근무하는 거야? 과장이나 되는 사람이 후배들보다 못하니 원……
박과장: 예?
고부장: 이런 실수가 한두 번이야? 당신처럼 일하느니 차라리 아예 일을 안 하는 게 낫겠구먼.

고부장이 쏟아내는 이러한 질책은 박과장의 가슴에 상처를 주었을 것이며, 기억에서 쉽게 지워지지 않을 것이다. "칼로 입은 상처는 3개월이면 치유되지만 언어에 의한 상처는 30년을 간다"는 말도 있지 않은가? 고부장이 박과장을 질책하는 자체가 문제 되는 것이 아니다. 목소리를 높여서 말하는 것도 별문제가 아니다. 문제는 고부장의 표현방법이다. "능력이 그것밖에 안 돼?" "과장이나 되는 사람이 후배들보다 못하니" "이런 실수가 한두 번이야?" 이러한 표현이 바로 언어폭력이다. 이처럼 직장의 리더가 감정적으로 직원을 나무라면 다음의 2가지 측면에서 문제가 생긴다.

  첫째, 행동 변화에 구체적으로 도움을 주지 못한다. 상대가 정확히 무엇을 잘못했는지, 어떻게 개선해야 하는지 구체적으로 알려주지 않았으므로 상대방은 무엇을 고쳐야 할지 알지 못한다. 앞의 사례에서도 박과장은 '오타 몇 군데 있는 것이 뭐가 그리 문제인가? 내용의 본질이 더 중요한 것 아닌가?'라고 생각하며 속으로는 부장의 질책이 과하다고 여길 수도 있다.

  둘째, 직원과 관계가 나빠진다. 친절하며 음식도 맛있어 단골로 다니는 식당이 있다고 가정해보자. 그런데 우연히 그 식당에서 먹다 남은 김치를 다른 고객에게 내놓는 것을 목격하면 그동안의 호감은 단숨에 사그라질 것이다.

  마케팅에서 고객 만족은 상품의 가격, 품질, A/S 등 각 단계의 종합으로 이뤄진다. 이때 만족도의 종합점수는 단계별 만족도의 더하기가 아니라 곱하기로 결정된다. 그러니까 열 단계 중 아홉 단계에서 만족했지만 한 단계만이라도 0이 되면 전체 값은 0으로 떨어지고 만다.

인간관계에서도 마찬가지 공식이 작용한다. 리더가 평소에 배려, 칭찬, 인정 등의 우호적 행동으로 직원과 돈독한 관계를 만들어왔어도 결정적인 실수 한 번이 그동안 누적된 신뢰를 0으로 만들어버릴 수 있다. 한 번의 칭찬으로 얻은 점수가 2점, 잘못된 질책으로 얻은 점수가 0점이라고 가정해보자. 5회의 칭찬과 1회의 실수로 인한 인간관계의 점수 합계는 $2 \times 2 \times 2 \times 2 \times 2 \times 0 = 0$이 된다. 평소에 좋은 관계를 쌓아왔더라도 감정적으로 화를 표출한 단 한 번의 실수로 두 사람의 심리적 거리는 멀어질 수 있는 것이다.

저명한 심리학자 다니엘 골먼에 따르면 "지능지수보다 감성지능이 높은 사람이 조직 성과가 평균 2배 정도 높다"고 한다.* 여기서 감성지능의 핵심 요소가 '화가 났을 때 감정을 통제하는 능력'임에 주목하자. 감성지능이 높은 리더는 직원 때문에 화가 날 때에도 감정을 통제하는 능력이 있다.

★
다니엘 골먼, 《감성의 리더십》, 장석훈 옮김, 청림출판, 2003.

직원을 계도해야 하는 상황에서 폭력적인 표현으로 화를 내는 사람들이 자주 하는 말이 있다. "나는 직원들을 화끈하게 나무라고, 그 대신 뒤끝이 없다." 상대방에게 이미 상처를 주고 나서 뒤끝이 없다고 말하는 것은 '나는 인간관계의 기본 상식이 없습니다'라고 밝히는 것과 같다. 또한 '화끈하게' 언어폭력을 사용하는 것을 용감한 태도라고 말하는 사람일수록 정작 자신의 상사에게는 그렇게 하지 못한다. 모순이 아닐 수 없다. 유독 아랫사람에게만 화끈하게 말하는 것은 지위를 이용한 폭력일 뿐이다. 직원에게 폭력적인 방법으로 질책하는 것은 꼭 고쳐야 할 잘못된 언어 습관이다.

사표를 던지는 사람의 절반 이상이 회사가 싫어서가 아니라 상사가 싫어서 회사를 그만둔다. 상사와 나쁜 관계를 만든 일등공신이 상사의 대화방법이다. 그런데 약 90퍼센트의 리더가 지시형으로 말하거나 폭력적 대화를 하는 것으로 조사되었으니 심각한 문제라 아니할 수 없다.★ 원인이 어디에 있을까? 대화방법을 훈련받은 적이 없기 때문이다.

★
Whetton & Cameron, *Developing Management Skills*, Prentice Hall, 2005.

POINT CHECK

포인트 체크

1. 탁월한 리더는 업무성과와 인간관계, 2가지를 모두 충족시킨다.
 – 현실에서 많은 리더들이 업무성과와 인간관계 중 하나를 희생하고 있다.
 – 이 책에서 소개하는 대화법을 통해 2가지 요소를 모두 갖출 수 있다.

2. 단기성과 중심의 지시형 리더는 업무성과와 인간관계, 2가지를 모두 놓친다.
 – 직원들의 피로감 누적과 불만 증대로 인간관계가 급격히 나빠진다.
 – 우수 인재의 이직, 사기 저하 등으로 점차 업무성과를 떨어뜨린다.

3. 업무성과와 인간관계를 동시에 달성하는 리더는 대화방법이 다르다.
 – 직원의 실수에 화를 내는 방법은 문제를 개선하지 못한다.
 – 생산적 질책은 직원의 행동을 바람직한 방향으로 이끈다.

STEP 1

부드럽고 강한 대화를 위한 기반 공사

사람을 이끌 때 사람이 논리적으로 창조되지 않았다는 것을 명심해야 한다.
우리는 감정을 가진 창조물을 상대하는 것이다.

_데일 카네기

STEP 1

관찰 가능한
용어를 사용하라

필자가 미국 하버드대학의 리더십 교육에 참여했을 때 놀란 경험이 있다. 비싼 수강료를 부담하며 비행기를 탔을 때는 최신 리더십 이론을 배우리라 기대했는데 의외의 상황을 만난 것이다. 강의 주제가 '까다로운 사람과 대화하는 방법How to deal with difficult people' '나–표현법I-Message'과 같은 평범해 보이는 내용이었기 때문이다. 300여 명을 수용하는 강의실이 만원이었고 심지어 복도에서 서서 듣는 사람이 있을 정도로 인기 있는 강좌였지만 그 주제가 대화방법에 불과하다는 것이 신기할 따름이었다. 필자는 이때 탁월한 리더의 능력은 복잡한 이론이 아니라 대화방법의 차이에서 비롯된다는 것을 인식하였다.

하버드대학 프로그램에서 대화방법으로 가장 중요시하는 것이 비폭력 대화이다. 이는 이 책에서 소개하는 대화방법의 기초이기도 하다. 비폭력 대화의 근간을 이루는 핵심 원리 중 하나가

'관찰 가능한 용어'를 사용하라는 것이다. 그 첫 번째 방법은 사실이나 행동에 초점을 두고 추상명사를 사용하지 않는 것이다. 대화에서 이슈 자체는 별것이 아닌데도 사용하는 단어 때문에 갈등이 증폭되는 경우가 비일비재하다. 그 대표적인 원인이 상대방의 인격을 평가하는 추상적인 용어를 사용하는 것이다.

"하차장은 일처리에 책임감이 없어 문제입니다."
"차대리! 좀더 열정을 가지고 근무할 수 없어요?"
"도대체 이렇게 무성의하게 일해도 되는 거야?"
"당신처럼 일한다면 차라리 없는 것이 낫겠어."

이런 말을 들으면 직원은 발끈할 수밖에 없다. 모두 상대방의 인격을 평가하는 추상명사를 사용하고 있으며, 이것은 상사의 주관적인 관점에 불과하기 때문이다.

이러한 대화법의 또 다른 문제점은 리더가 정확한 상황을 알지 못하고 잘못 말할 가능성이 있다는 것이다. 부하 직원의 업무 상황을 100퍼센트 알지 못한 상태에서 "열정이 없다"고 단정해 버리니 듣는 입장에서는 억울한 평가가 아닐 수 없다. 이러한 말을 들었을 때, 직원들의 속마음은 어떨까?

'아니 나더러 책임감이 없다니! 도대체 무슨 소리를 하는 거야? 그러는 자기는 뭘 얼마나 잘한다고?!'
'나름대로 최선을 다하고 있는데 열정이 없다니…… 일할 맛이 떨어지네.'

인격을 비난하는 표현을 내뱉으면 순간 통쾌한 느낌이 들 수도 있다. 자신의 감정을 솔직히 쏟아부었기 때문이다. 그리고 이렇게 강하게 나무라면 상대가 반성할 것이라고 생각하기도 한다. 하지만 인격적 공격은 상대방의 감정만 상하게 할 뿐 변화를 가져오지 못한다.

'관찰 가능한 용어'를 사용하는 두 번째 방법은 '항상' '언제나' '늘' 등의 확대하는 표현을 사용하지 않는 것이다.

"고부장은 왜 항상 부정적으로 말을 합니까?"
"하차장은 언제나 시한을 넘겨 자료를 주는데, 왜 그럽니까?"

이렇게 포괄적이고 모호한 말은 상대방의 감정을 자극하는 부작용을 낳을 뿐이다.

"아니, 제가 언제 항상 부정적이었다는 말입니까?"

"당신은 책임감이 없어 문제입니다."
"좀더 열정을 가지고 근무할 수 없어요?"
"당신처럼 일한다면 차라리 없는 게 낫겠어!"
인격적 비난은 상대를 변화시키지 못하고
마음에 상처를 줄 뿐이다.

"간혹 자료 제출이 늦긴 했지만, 언제나 늦었다고 말할 것까지는 없지 않습니까?"

이렇게 발끈하는 상대방의 말도 틀린 것이 아니다. 그들도 '항상' '언제나' 그런 것은 아니기 때문이다. 대화방법을 훈련받지 못한 리더들은 이처럼 직원들에게 인격적 평가에 해당하는 표현을 수시로 사용한다. 반면 대화방법을 아는 탁월한 리더들은 그러한 표현을 극도로 자제한다.

부족한 직원을 나무랄 때에는 인격이나 태도에 대한 추상적이고 모호한 말을 사용하는 대신에 관찰 가능한 사실이나 행동을 구체적으로 표현해주어야 한다. "당신은 최선을 다하지 않았다"라고 하기보다 "2/4분기 실적이 1/4분기 실적보다 5퍼센트가 더 떨어졌다"고 해야 한다. "당신은 시간관념이 모자란다"고 하기보다 "오늘 30분 늦게 행사장에 도착했다"고 해야 한다. "앞으로 열정적으로 일하라"고 고함을 지르기보다 "앞으로 8시까지 출근하고, 고객의 전화를 받을 때는 솔 음 정도로 밝게 받아야 한다"고 알려주는 것이 좋다.

인격적 비난은 상대를 변화시키지 못한다. 느낌이나 의견에 불과한 추상명사를 사용하는 대신에 관찰 가능한 사실이나 행동만을 언급하는 것이 상황을 보다 효과적으로 개선시킨다.

나-표현법으로 말하라

비폭력 대화의 두 번째 원리는 '나-표현법 I-Message'으로 말하는 것이다. 나-표현법은 너-표현법 You-Message과 반대되는 표현법으로 상대를 꾸짖을 때에도 마음에 상처를 주지 않는다. 너-표현법으로 말하면 폭력 대화가 되지만 동일한 상황이라도 나-표현법으로 말하면 비폭력 대화가 된다. 먼저 너-표현법은 구체적으로 어떤 것인지, 왜 이것이 곧 폭력 대화가 되는지 살펴보자.

"김과장, 일을 그렇게밖에 처리하지 못해요?"
"정팀장, 보고서 내용이 제대로 되었다고 생각해요?"
"이봐! 김대리, 지금 몇 신데 출근하는 거야?"

이러한 말은 비록 폭력의 정도가 심하지는 않지만 상대방을 비난하는 폭력 대화에 해당한다. 이러한 표현의 문장 구조를 살펴보면 주어가 '김과장' '정팀장' 등 모두 상대방임을 알 수 있다. 주어가 '나'가 아니라 '너'이기 때문에 이를 '너-표현법'이라고 부른다.

어떤 상황을 전달하는 것이 커뮤니케이션이라고 할 때, 주어는 곧 상황을 발생시킨 주체이다. "김과장, 일을 그렇게밖에 처리하지 못해요?"라고 말한다면, 여기서 문제 상황을 만든 사람은 문장의 주어인 김과장이다. 이때 커뮤니케이션의 의미는 '김과장이 잘못하여 이런 상황을 만들었다'라며 비난하는 의미가 된다.

대화법을 훈련받지 못한 사람이 화가 났을 때는 십중팔구 바로 이런 너-표현법을 쓴다. 너-표현법은 장점은 하나도 없는 반면 단점은 한두 가지가 아니다. 첫째, 상대방에게 심리적 상처를 준다. 직장에서 상사의 너-표현법이 쏟아지면 직원은 고개를 수그리고 다소곳이 듣고 있지만, 겉모습만 그럴 뿐 그 직원의 마음은 크든 작든 상처를 받는다. 둘째, 말하고자 하는 메시지가 상대의 가슴에 전달되지 않는다. 비난받은 상대방은 방어심리가 작동되어 마음을 닫기 때문에 정작 리더가 전달하려는 메시지에 공감하지 못한다. 마지막으로, 말하는 리더 자신도 스트레스가 심화된다. 공격적으로 화를 표출하면 가슴속의 분노는 더욱 악화된다. 결국 너-표현법을 사용하면 상사와 직원의 관계도 나빠진다.

너-표현법에는 중요한 사항이 하나 빠져 있다. 상대방의 잘못으로 야기된 문제점과 그로 인해 말하는 사람이 겪는 애로사항이 전혀 언급되지 않는다는 것이다. 이런 상황을 해결하는 첫 번째 지름길이 바로 나-표현법을 사용하는 것이다. 화가 난 이유를 말하면서 진정으로 표현하고 싶은 메시지는 자신이 겪는 곤란함을 알려주는 것이 아닌가? 나-표현법은 너-표현법에서 간과해버린 '내가 겪는 고충'을 강조하는 대화법이다. 나-표현법의 간단한 예를 살펴보자.

> "박과장의 실수로 팀의 분위기가 어두워져 팀장인 내가 난처합니다."
> "김대리가 늦게 출근해 아침 회의를 시작하지 못했어요."

첫째 문장의 주어는 팀장인 '나'이다. 둘째 문장은 주어가 생략되었지만 '우리' 또는 팀장인 '나'가 역시 주어이다. 두 문장 다 상대방의 실수나 문제행동을 지적하고 있지만 주어가 상대방이 아니기 때문에 상대에 대한 공격성이 거의 없어진다. 이 상황을 만약에 너-표현법으로 바꿔 말한다면 다음과 같이 될 것이다.

> "박과장, 어찌 그런 실수를 합니까? 그런 것도 제대로 처리

못합니까?"

"김대리, 몇 시인데 지금 출근합니까? 오늘 회의 있는지 몰랐어요?"

이 2가지 표현방식을 비교해보자. 앞의 나-표현법에서는 팀장의 입장이 이해가 되며 미안한 마음이 든다. 반면에 뒤의 너-표현법에서는 미안하고 반성하는 마음이 들기보다 먼저 기분부터 나빠진다.

대화법을 훈련받은 사람은 직장에서나 가정에서나 화가 나는 상황에도 나-표현법으로 말한다. 상대를 비난하는 너-표현법을 나-표현법으로 바꾸어 말하는 것은 언제든 가능하다.

"이팀장, 내가 일일이 지시를 해야 알아듣습니까?" [너-표현법]
"이팀장, 자율적으로 일이 추진되지 않으니, 내가 곤란합니다." [나-표현법]

"김대리, 지금이 몇 시인데 이제 출근하는 거야?" [너-표현법]
"김대리, 지각을 하면 팀 전체 일정에 지장을 주어 팀원들과 내가 힘듭니다." [나-표현법]

"대형아, 방이 왜 이 모양이냐? 너는 자기 방도 제대로 못 치우니?" [너-표현법]

"대형아, 방이 지저분하니 보는 내가 정신이 없다. 정리 안 하는 것이 습관이 될까봐 아빠가 걱정된다." [나-표현법]

나-표현법은 주어를 자기 자신으로 바꿔서 말하므로, 너-표현법과는 반대의 구조이다. 너-표현법은 상대방의 잘못을 공격하는 대화법으로 스포츠 경기에 비유하면 권투나 태권도에 해당한다. 이에 비하여 나-표현법은 상대의 힘을 나에게 끌어당겨 제압하는 유도와 흡사하다.

나-표현법은 심지어 약자가 강자에게 사용해도 큰 부작용이 없다. 직원이 상사의 심기를 건드릴 수 있는 건의를 해야 하는 경우를 생각해보자. 이때 너-표현법으로 말하면 곤란한 상황에 빠지고 만다. 하지만 같은 내용을 나-표현법으로 말하면 결과는 크게 달라진다. 직원이 업무를 처리하면서 고객과 갈등을 빚은 상황에서 상사가 직원을 나무라는 경우를 생각해보자. 다음은 억울한 마음이 든 직원이 나-표현법과 너-표현법의 2가지 경우로 말하는 상황이다.

"과장님, 그렇게까지 말씀하실 건 없지 않습니까?" [너-표현법]

나-표현법과 너-표현법은 반대 구조이다.
너-표현법은 상대방의 잘못을 공격하는 대화법으로
스포츠 경기에 비유하면 권투나 태권도에 해당한다.
이에 비하여 나-표현법은 상대의 힘을
나에게 끌어당겨 제압하는 유도와 흡사하다.

"과장님이 제 입장을 들어보시지도 않은 채 나무라시니 제가 어찌해야 할지 모르겠습니다." [나-표현법]

너-표현법으로 항의하면 상사에게 도전하는 느낌이 들지만 나-표현법으로 말하면 상사를 자극하는 정도가 크게 완화된다.

리더의 공격적 표현에 대하여 직원이 나-표현법으로 고충을 표현하면 리더에게도 결과적으로는 도움이 된다. 직장에서 리더가 잘못된 행동을 하는 경우에도 조직의 특성상 직원들은 바른 말을 하기가 쉽지 않다. 이런 상황이 지속되면 리더는 자신의 잘못을 알 수 없기 때문에 발전할 수 없다. 또한 자신을 직원들보다 우월하게 생각하는 '리더십 인플레이션 증후군 Leadership Inflation Syndrome'에 빠질 가능성도 있다. 우수한 리더가 되고자 한다면 직원의 나-표현법에 의한 고충을 들었을 때 이를 언짢게 생각하지 말고 오히려 감사를 표하는 것이 합당하다.

나-표현법의
2가지 기둥

앞에서 우리는 대화 사례를 통해 나-표현법의 원리와 효과를 살펴보았다. 이제 이러한 이론적 지식이 우리의 대화 습관으로 정착될 수 있게 나-표현법의 간단한 공식을 정리해보자.

첫째, 상대방의 문제행동을 사실이나 객관적 행동을 중심으로 서술한다.

둘째, 상대방의 그러한 행동으로 내가 겪게 되는 애로사항이나 느낌을 언급한다. 따라서 문장의 주어는 자신이 된다.

"이팀장, 후속 절차가 신속히 진행되지 않으니, 내가 곤란합니다."

"김대리, 지각을 하면 팀 전체 일정에 지장을 주어 팀원들과 내가 힘듭니다."

"대형아, 방이 지저분하니 보는 내가 정신이 없다. 정리 안

하는 것이 습관이 될까봐 아빠가 걱정된다."
"과장님이 제 입장을 들어보시지도 않은 채 나무라시니 제가 어찌해야 할지 모르겠습니다."

앞에서 살펴본 이러한 나−표현법에서 "후속 절차가 신속히 진행되지 않으니" "지각을 하면 팀 전체 일정에 지장을 주어" "방이 지저분하니" 등이 모두 상대방의 행동이나 상황을 언급하는 부분이다. 여기서 유의할 점은 최대한 사실이나 객관적 행동 중심으로, 서술적으로 표현하는 것이다. '서술적descriptive'이란 말은 현상을 보이는 대로만 진술할 뿐 '나쁘다', '좋다' 등의 판단 용어는 사용하지 않음을 뜻한다. 상황에 대한 서술에 덧붙여서 그로 인하여 발화 주체인 '나'가 겪는 애로사항을 설명하는 것이 나−표현법의 완성 형태이다. 비슷한 상황에서 상대를 공격하는 너−표현법의 대화를 다시 한 번 보자.

"김대리, 일을 왜 그렇게 처리했어요?"
"정신을 어디다 두고 이렇게 문서를 작성했어요?"

이러한 너−표현법을 보면 나−표현법의 2가지 요소가 모두 빠져 있다. 즉, 상대방의 어떤 행동이 문제가 되는지에 대한 설명과,

나에게 어떤 어려움을 주고 있는지에 대한 언급이 전혀 없다. 폭력 대화를 하는 사람들은 보통 이러한 점들을 상대방이 당연히 알고 있을 것으로 간주한다. 거두절미하고 말해도 직원이 스스로 무엇을 잘못하였는지 알아차리면 좋겠지만, 그렇지 못한 경우가 더 많다. 사람마다 생각이 다르고, 알고 있는 정보가 다르기 때문이다. 리더가 문제라고 생각하는 사항에 대하여 직원은 전혀 다르게 판단할 수도 있고, 리더가 왜 화를 내는지 이해하지 못할 수도 있다. 이유를 짐작한다고 해도 최소한 리더가 생각하는 수준에는 미치지 못한다. 하지만 나-표현법으로 리더 자신이 겪는 어려움을 말하면 직원은 리더의 생각과 입장에 공감하며 반성하게 된다.

우리나라 사람들은 은연중 화가 났을 때도 "참는 것이 좋다"는 훈육을 받아왔다. 직장에서도 직원이 실수해 화가 부글부글 날 때에도 화를 참는 것이 훌륭한 리더라고 생각하는 사람도 있다. 그러나 이런 모습은 갈등이나 스트레스를 효과적으로 처리하는 방법과는 거리가 멀다. 화를 참고 그 순간을 넘기면, 상대방에 대한 나쁜 감정이 영원히 없어져버리면 좋겠지만 그게 쉽지 않기 때문이다. 마음에 찌꺼기가 쌓이면서 상대의 문제행동이 계속되면 어느 순간에는 폭발하게 되어 있다.

화가 났을 때에 이를 분출하면 마음이 개운해지고 스트레스가 사라질까? 그 반대이다. 화를 공격적으로 표출하면, 마음속에 불이 났을 때 기름을 붓는 것과 같은 결과를 가져온다. 화를 쏟아내고 몇 시간이 지나면 이내 자괴감이 생긴다.

'왜 차분하게 직원을 타이르지 못했을까?'
'내 리더십 수준이 이 정도밖에 되지 않는단 말인가?'
'나에게 혼이 난 박대리는 얼마나 상심했을까?'

이러한 후회가 뒤늦게 밀려오며 화를 낸 리더도 기분이 좋을 리가 없다. 따라서 리더 자신을 위해서도 공격적 대화는 하지 말아야 한다. 비폭력적 대화법을 사용하는 것은 직원뿐만 아니라 리더 자신을 위해서이기도 하다.

만약 끝까지 분노를 억제한다면 어떤 현상이 나타날까? 이 경우에는 끝까지 폭력 대화는 하지 않을 수 있겠지만, 최소한 두 사람의 감정적 거리는 계속 멀어지게 된다. 또한 스트레스가 심화되어 건강을 해치게 된다. 결국 리더가 직원의 문제행동으로 화가 났을 때 참지 않고 이를 효과적으로 표현할 수 있어야 한다. 이를 위한 생산적인 방법이 비폭력적인 대화를 하는 것이다.

탁월한 리더의
5가지 대화법

직장의 리더가 직원들과 매일 상호작용하면서 나누게 되는 대화는 상대에 따라, 주제에 따라 달라지게 마련이다. 개별적인 대화의 종류는 수없이 다양하지만, 대화를 하는 상황은 대체로 다음 4가지로 분류할 수 있다. 첫째, 칭찬을 하는 상황. 둘째, 계도를 하는 상황. 셋째, 토론과 회의를 하는 상황. 넷째, 질책과 징계를 하는 상황이다.

  칭찬거리가 없는 직원까지 칭찬할 때, 직원들은 동기부여가 되고 업무성과는 올라간다. 또한 직원이 잘못을 저지를 때에는 비폭력적인 방법으로 나무라고 이를 개선시킬 수 있는 질책의 대화를 할 수 있어야 한다. 나아가 토론과 회의를 할 때에는 상사의 생각과 반대되는 의견까지도 직원들이 활발하게 말할 수 있어야 조직이 살아 움직인다. 끝으로 구제불능 직원이 문제를 일으키는 경우, 리더는 조용하고 질서 있게 조치하는 징계 능력까지 갖추어야 한다.

이 4가지 상황에서 리더 자신의 생각을 일방적으로 강요하지 말고, 상대의 인격을 존중하며 함께 문제를 풀어가는 대화를 할 수 있다면 그가 바로 탁월한 리더이다. 그리고 이러한 대화를 우리는 코치형 대화라고 부른다. 코치형 대화에 대해 가르치는 일반적 저서에서 흔히 리더들에게 강조하는 사항들은 다음과 같다.

첫째, 평소에 칭찬과 긍정의 리더십을 발휘한다.

둘째, 직원을 계도할 때는 비폭력적인 방법으로 대화한다.

셋째, 변화에 성공하려면 상대가 문제점을 공유해야 한다.

넷째, 일방적 지시는 상대방의 적극적 실행을 이끌어내지 못한다.

다섯째, 경청과 질문으로 상대방의 의견을 들어야 한다.

여섯째, 상대를 문제 해결의 파트너로서 존중해야 한다.

그러나 이와 같은 사항들을 머리로 이해한다고 한들, 조직의 리더들이 현실에서 바로 실천할 수 있는 것은 아니다. 특히 직원이 문제를 일으켜 리더가 화가 머리끝까지 난 상태에서는 "경청과 질문으로 상대방의 의견을 들어야 한다" "상대를 존중하며 문제 해결의 파트너로 생각해야 한다" 등의 권고는 기억조차 하기 어렵다.

리더에게 실질적인 도움을 주려면, 리더와 직원 간에 이루어지는 일상 대화에서 리더가 간단히 따를 수 있는 대화 공식이 필요하다. 이 책에는 조직생활에서 리더와 직원 간에 발생하는 다양한 상황에 사용할 수 있는 대화를 다음과 같이 5가지로 체계화하였다.

> **탁월한 리더의 5가지 대화법**
> 첫째, 직원에게 동기를 부여하는 'POBS(팝스) 칭찬기법'
> 둘째, 의견이 부딪칠 때 기분 상하지 않게 말하는 'PCS 대화법'
> 셋째, 가벼운 문제를 간단히 해결해주는 'ABCD 대화법'
> 넷째, 정답이 없는 문제에 답을 찾아주는 'POAH_S(포아스) 대화법'
> 다섯째, 고질적 문제직원을 다루는 '점진적 징계'

첫째, 직원에게 동기를 부여하는 POBS 칭찬기법이다. POBS 칭찬기법은 두 말할 것도 없이 직원을 칭찬하는 상황에 효과적이다. 칭찬거리가 없는 직원까지 칭찬할 때, 직원들은 동기부여가 되고 업무성과는 올라간다.

둘째, 업무회의나 일대일 대화에서 상사와 직원의 아이디어가 다를 때 필요한 PCS 대화법이다. 직원은 X방안을 주장하지만 상사는 Y방안이 낫다고 생각할 때에 "내가 시키는 대로 Y방안으로 하라"고 말한다면 지시형 대화가 되고 만다. 직원은 존중받지 못한다고 느끼며, 시간이 흐를수록 자신의 의견을 적극적으로 말하지 않는 수동적인 사람으로 바뀌고 만다. 직원이 상사의 아이디어와 반대되는 의견을 말하는 경우에도 PCS 대화를 하면 직원의 사기는 저하되지 않는다.

셋째, 직원이 가벼운 잘못을 했을 때 마음에 상처를 주지 않으면서 계도하는 ABCD 대화법이다. 직원이 업무 실수를 반복하거나 마땅히 해야 할 역할을 하지 않을 경우에는 이를 바로잡아주어야 한다. 하지만 직원의 문제행동이 있고 난 직후라면 상사는 덜컥 화부터 낼 위험이 있다. 이런 상황에서 직원에게 상처를 주지 않는 비폭력적인 방법으로 말하고, 나아가 직원으로부터 실행 약속까지 받아내는 매우 효과적인 대화방법이다.

넷째, 직원이 고민하는 문제에 대하여 상사도 정답을 알지 못하는 경우에 사용하는 POAH_S 대화법이다. 직원이 경력개발 문제로 고민하거나, 프로젝트 추진 방안에 대하여 혼란스러워하면 상사는 먼저 자신의 의견을 제시하고 싶어한다. 하지만 상사의 생각이 직원의 생각보다 낫다는 보장은 없다. POAH_S 대화는 정답이 없는 문제를 고민하고 개선방안을 찾는 데 효과적이다.

넷째, 본인의 주장과 고집을 꺾지 않고 조직 전체에 해를 끼치는 고질적인 문제직원에 대한 해결방안을 제시하는 점진적 징계이다. ABCD 대화로 설득해도 끝까지 변하지 않는 직원도 있다. 이러한 직원을 방치하면 다른 직원들한테까지 악영향을 미치기 때문에 반드시 조치를 취해야 한다.

    이상의 대화법들에는 미국이나 유럽 등 선진국에서 훈련되고 있는 코치형 대화의 원리가 깊숙이 녹아 있다. 하지만 여기에서 그치는 게 아니라 우리나라 특유의 조직문화에서 리더들이 감안해야 할 사항들이 보완되었다. 또한 국내 핵심 기업과 국가기관 등 100여 개 조직을 대상으로 한 워크숍을 통해 그 효용성을 확인하였다.

POINT CHECK

포인트 체크

1. 성공하는 대화법의 바탕은 비폭력 대화이다.
  – 문제행동을 '관찰 가능한 행동' 중심으로 언급하고 애로사항을 나-표현법으로 말한다.
  – 인격을 평가하는 추상명사와 확대하는 표현은 삼간다.

2. 너-표현법은 부작용만 있을 뿐 장점은 없다.
  – 행동 변화에 구체적 도움을 주지 못한다.
  – 마음에 상처를 주고 관계가 급격히 나빠진다.
  – 말하는 사람의 스트레스를 심화시킨다.

4. 탁월한 리더의 5가지 대화법
  – 첫째, 직원에게 동기를 부여하는 'POBS(팝스) 칭찬기법'
  – 둘째, 의견이 부딪칠 때 기분 상하지 않게 말하는 'PCS 대화법'
  – 셋째, 가벼운 문제를 간단히 해결해주는 'ABCD 대화법'
  – 넷째, 정답이 없는 문제에 답을 찾아주는 'POAH_S(포아스) 대화법'
  – 다섯째, 고질적 문제직원을 다루는 '점진적 징계'

STEP 2

마음을 움직이는 POBS 칭찬기법

> 우리는 누구나 잘못을 저지른다.
> 9가지 잘못을 찾아 꾸짖기보다 1가지 잘한 일을 찾아
> 칭찬해주는 것이 사람을 올바르게 인도한다.
> _데일 카네기

STEP 2

POBS 칭찬기법의 원리

사람이 건강하게 살려면 아픈 부위를 고치기 위해 성공적으로 수술이나 치료를 받는 것도 중요하지만, 아프지 않은 평상시에 건강한 섭생과 활력으로 좋은 건강 상태를 유지하는 것이 더욱 중요하다. 높은 업무성과와 좋은 인간관계, 이 2가지를 모두 달성하는 탁월한 리더들이 실천하는 주요 언행도 이와 같다. 직원의 부족한 점을 질책할 때는 비폭력적인 방법으로 나무라는 한편, 평소에는 칭찬 중심의 긍정 리더십을 발휘하는 것이 큰 특징이다.

   그렇다면 사람을 발전시키는 데 칭찬과 질책 중 어느 것이 더욱 효과적일까? 이에 관하여 그동안 조직심리학, 교육학 등의 분야에서 많은 연구들이 이뤄져왔다. 그중 1가지가 '키센바움의 볼링 실험'이다.*

   키센바움은 볼링을 배우려는 초보자들을 두 그룹으로 나누어 세 게임씩 치르도록 했다. 그는 게임 상황을 비디오로 촬영하면서, A그룹은 스트라이크 등 결과가 좋은 장면만 촬영하고, B그룹은 공이 빗나가는 등 실수하는 장면만 촬영했다. 촬영을 마친 후, 키셴바움은 두 그룹을 6개월간 일주일에 5시간씩 연습하게 했다. 아울러 이 6개월 동안에 이전에 촬영한 자기 그룹의 동영상을 수시로 보여주었다. 그러니까 A그룹에는 성공적인 플레이 장면을 보여주었고, B그룹에는 실패하는 장면만 보여주었다.

  6개월 후 두 그룹의 볼링 실력에 어떤 차이가 생겨났을까? 성공하는 장면을 반복해서 본 A그룹의 실력이 B그룹보다 훨씬 좋았다. 두 그룹에 주어진 조건에 차이가 있다면 서로 다른 동영상을 보았다는 것뿐이었다. 키셴바움은 이 실험을 통해 얻은 결론을 이렇게 정리했다. 첫째, 칭찬 중심의 피드백이 단점을 질책하는 피드백보다 효과가 크다. 둘째, 동영상 시청이 아니라 코치가 직접 칭찬했다면 훨씬 효과가 컸을 것이다.

  칭찬이 의욕을 북돋아준다는 사실을 모르거나 이러한 말을 들어보지 못한 사람은 없을 것이다. 그럼에도 우리나라 직장에서 직원들을 칭찬의 리더십으로 이끄는 리더는 의외로 적다. 필자가 진행했던 많은 워크숍에서 리더들에게 "지난 2주간 직원들에

★

Kirschenbaum, "Self-regulation and sport psychology", *Journal of Sport Psychology 8*, 1984.

게 칭찬과 격려를 한 사람이 있습니까?"라고 질문해보았다. 약 1,000명 가운데 그렇다고 응답한 사람은 10~15퍼센트에 불과했다. 칭찬이 좋은 줄을 알지만 실제 실천하는 사람은 생각보다 훨씬 적은 것이다.

칭찬하지 않는 리더들에게 "왜 칭찬을 하지 않느냐"고 물어보면 이런 대답이 돌아왔다. "닭살 돋는 것 같아서" "상대방이 어떻게 받아들일지 몰라서" "칭찬할 만한 행실이 없어서" 등이다. 심지어 칭찬을 많이 하면 연말에 인사평가를 좋게 해주어야 한다는 부담 때문에 칭찬을 안 한다는 사람도 있었다. 하지만 사실 대부분은 칭찬하는 기법을 모르기 때문이었다.

"태양 아래 다른 어떤 것보다 사람을 다루는 기법을 배우는 데 더 많은 비용을 지불할 것이다." 존 록펠러가 한 말이다. 성과가 부진하거나 도무지 칭찬거리가 없는 직원도 칭찬할 수 있는 기법이 있다. 바로 POBS 칭찬기법이다.

마음을 움직이는 POBS 칭찬기법

Process: 과정을 칭찬하라.
Only: 다른 사람과 비교하지 마라.
Behavior: 행동 중심으로 칭찬하라.
Small: 작은 것을 칭찬하라.

PROCESS.
과정을 칭찬하라

마라톤 선수들은 혼자 외롭게 달릴 때보다 시민들이 환호하며 응원할 때 성적이 더 좋다. 이것을 '관중 효과Audience Effect'라고 한다.* 선수가 달리는 과정에 시민들이 박수를 보내는 것이 결과보다 과정을 칭찬하는 것이다. 만약 달리는 과정에 아무런 응원도 하지 않다가 골인 지점에 들어와서야 박수를 치면 선수가 좋은 기록을 내기는 힘들다.

직장에서도 직원들이 열심히 노력하여 어려운 과제를 성공적으로 완수하게 하는 방법은 '과정'을 응원해주는 것이다. 과정을 칭찬하지 않는 것은 마라톤의 골인 지점에서 지켜보다가 성적이 좋을 때에만 박수를 치는 것과 같다. 결과에 대한 칭찬만으로는

★

Triplett, N., "The dynamogenic factors in pacemaking and competition", *American Journal of Psychology*, 1898.

상대에게 에너지를 보태주는 효과가 약하다. 상대의 발전을 제대로 도와주려면 진행 과정을 응원하고 힘을 보태주어야 한다.

과정에 대한 칭찬을 하면 다음과 같은 이점들이 있다.

첫째, 성과 달성에 시간이 소요되는 경우에도 중간 과정을 칭찬함으로써 상대의 에너지를 북돋아준다.

둘째, 결과가 나쁜 경우에도 노력한 과정을 칭찬하기 때문에 상대를 다시 분발하게 해준다.

셋째, 노력하는 과정의 작은 성공도 칭찬함으로써 상사와 직원 사이에 우호적 인간관계가 형성된다.

결과에 대한 칭찬보다 과정에 대한 칭찬이 돋보이는 것은 특히 결과가 나빴을 때이다. 실행 과정에 직원 나름대로 최선의 노력을 기울여도 결과가 나쁠 때가 있다. 상사의 칭찬과 격려가 필요한 것은 이때가 아니겠는가? 결과가 나빠 안절부절못하는 직원에게 과정을 칭찬해주는 것이 상사의 중요한 역할이다. 그럴 때에 직원은 2배로 감동하고 다음번엔 성공하고자 더욱 분발한다.

마라톤 선수들은 혼자 달릴 때보다
시민들이 환호하며 응원할 때 성적이 더 좋다.
이것을 '관중 효과'라고 한다.
결과가 나빠 안절부절못하는 직원에게
과정을 칭찬해주는 것,
이것이 상사의 중요한 역할이다.

ONLY.
다른 사람과 비교하지 마라

자녀가 학교에서 100점짜리 시험지를 갖고 달려왔다고 가정해 보자. "와! 우리 아이, 최고네! 어쩜 100점씩이나 맞았니?" 하는 데에서 칭찬을 끝내는 것이 좋다. "100점짜리가 몇 명이나 되니?" 하고 되물어보는 것은 좋지 않다. 만약 아이가 "친구들도 100점 많이 받았어"라고 대답했을 때 "그럼 그렇지"라고 덧붙여 말해버리면 칭찬 효과는 사라진다.

   사람들은 성과를 평가하면서 다른 사람과 비교하는 습관에 젖어 있다. 하지만 어떤 대상과 비교해야만 칭찬을 할 수 있다면 칭찬받을 사람은 소수에 불과하다. 직장에서는 우수 직원이어야 하며, 학교와 가정에서는 성적이 뛰어난 우등생이어야 한다. '칭찬거리가 없어서' 칭찬을 하지 못한다면, 다른 사람과 비교하여 칭찬거리를 찾는 것이 아닌지 살펴보자.

   상대에게 부족한 점이 많은 데도 격려할 수 있는 방법이 있다.

다름 아니라 칭찬하려는 대상의 과거와 비교하는 것이다. 예컨대 과거에 60점을 받은 학생이 65점을 받는다면 이 점을 칭찬하는 것이다. 과거의 자신과 비교하는 방법이라면, 아무리 열등한 직원이라도 상황이 개선될 때마다 칭찬과 격려가 가능하다. 마치 걸음마를 배우는 아이가 엄마의 응원에 힘입어 한 걸음 떼던 것을 두 걸음을 내딛는 것과 같다.

다른 사람과 비교하는 방법으로는 열등한 사람을 칭찬할 수 없다. 칭찬과 격려가 없으면 달리는 자동차에 기름이 떨어지듯 열등한 상대방은 더욱 위축되고, 변화에 필요한 에너지를 얻지 못한다. 인도 철학자 크리슈나무르티는 "비교는 폭력이다"라고 하였다.

BEHAVIOR.
행동 중심으로 칭찬하라

"김대리는 참 성실한 것 같아" "너는 상당히 영리하구나"와 같은 칭찬이 좋은 칭찬일까? 아니다. 이 말을 들은 상대방은 "어떤 면을 보고 성실하다고 말하지?" "뭘 보고 영리하다는 거지?" "그냥 해본 말인가?" 하며 상사의 칭찬에 공감하지 않을 수도 있다. 심지어 '나에 대해 잘 알지도 못하면서 겉치레 칭찬을 하는구먼' 하고 생각할 수도 있다.

행동 중심으로 칭찬하라는 말은 '관찰 가능한 행동'을 언급하는 것을 의미한다. '성실하다' '영리하다' 등과 같이 관찰할 수 없는 인격이나 태도 등의 추상명사를 사용하지 않는 것이다.

관찰 가능한 행동을 칭찬하는 것은 사실을 서술적으로 표현하는 것이다. 상대의 태도나 일처리를 칭찬하는 경우에 무엇이 어떻게 좋은지 증거를 제시하며 말하는 방법이다. 예컨대 "그동안 잘했다"라고 하기보다 "그동안 한 건의 클레임도 없었다"고 말하는 것이 행동 중심으로 칭찬하는 것이다. "김대리의 오늘 발표는 이해가 잘되더군요. 요지를 X와 Y로 좌표로 제시하니 고개를 끄덕이는 참석자들이 많았어요"라고 칭찬하는 것이다.

 칭찬을 잘 못하겠다는 사람들의 말을 들어보면, 그 중요한 이유가 관찰 가능한 행동 중심으로 말하지 않기 때문이다. 어떠한 경우라도 관찰 가능한 행동이나 사실 중심으로 칭찬하면 어색하거나 '닭살' 돋지 않는다.

SMALL.
작은 것을 칭찬하라

사람은 어떤 행동을 하고 나서 그 과정과 결과로부터 의미를 얻을 때 성취감을 느낀다. 심리학에서는 이를 '유효 체험'이라고 한다. 반면에 어떤 행동을 하여도 그러한 성취감을 못 느끼면 '무효 체험'이 된다. 중요한 것은, 유효 체험을 한 사람은 그 행동을 반복할 동기부여가 되지만 무효 체험을 하면 의욕이 떨어지고 이내 그 행동을 중단하게 된다는 점이다.

직장에서 직원에게 유효 체험을 하게 만드는 수단에는 '물질적 보상'과 '심리적 보상', 2가지 방법이 있다. 승진이나 보너스 등은 물질적 보상이며, 인정과 칭찬은 심리적 보상에 해당한다. 상사가 직원에게 줄 수 있는 물질적 보상은 제한적일 수밖에 없다. 승진이나 보너스 등을 상사 혼자서 결정할 수도 없으며, 물질적 보상의 자원은 마냥 가능한 것이 아니다. 그러나 다행스러운 것은 직원들에 대한 심리적 보상은 100퍼센트 상사의 재량권이라는 점이다. 게다가 얼마든지 사용해도 자원이 고갈되지 않는다.

  탁월한 리더들은 평범한 리더들보다 심리적 보상을 잘한다. 이를 위한 기법이 '작은 성취Small Win'를 칭찬해주는 것이다. 작은 칭찬을 자주 하는 것은 돈 들이지 않으면서 심리적 보상으로 직원을 춤추게 하는 것과 같다.

  평소에 칭찬을 자주 하지 않는 상사들은, 예컨대 어떤 프로젝트가 성공적으로 끝났거나 월말 실적이 우수할 때가 비로소 칭찬할 때라고 여긴다. 그러나 프로젝트를 추진하면서 밤늦게까지 제안서를 작성한다든가, 월말 실적을 올리기 위해 분주히 뛰어다니는 작은 실천과 행동을 그때그때 칭찬해주는 것이 더욱 효과적인 심리적 보상의 방법이다.

  직원에게 매일의 에너지를 불어넣어주는 것은 '큰 성취'에 대한 오랜만의 드문 칭찬이 아니다. '작은 성취'를 자주 칭찬해줄 때 직원은 더욱 분발한다. 심지어 성과가 없는 경우에도 노력하는 과정 자체를 칭찬해주자. 직원이 무언가를 성공했을 때 "잘했다"고 말하는 것보다 더 어렵고 귀한 리더의 행동이 실패했을 때 "수고했다"고 격려를 해주는 것이다. 이러한 말은 직원이 리더를 마음 깊은 데서부터 따르게 하는 원동력이 된다. 다만 실패해도 질책하지 않고 격려를 해주려면 다음의 조건이 먼저 충족되어야 한다.

첫째, 직원 스스로 자신의 실수를 인식하고 있어야 한다.

둘째, 직원이 실수를 반성하고 개선하려는 의욕이 있어야 한다.

자신이 실수를 했는데도 인지하지 못하고 잘못을 남의 탓으로 돌리며 반성하지 않는다면 격려할 필요가 없다. 오히려 비폭력적인 방법으로 나무라고 바로잡아야 할 것이다.

POINT CHECK

1. 칭찬 중심의 피드백이 단점을 질책하는 피드백보다 효과가 훨씬 크다.

  – 남과 비교하면 칭찬거리를 찾기 힘들지만, 과거 본인의 모습과 비교해 개선점을 찾으면 칭찬할 수 있다.

  – 직원에게 해줄 수 있는 물질적 보상은 한계가 있으나, 심리적 보상은 아무리 많이 해주어도 자원이 바닥나지 않는다.

2. POBS 칭찬기법은 부진한 직원도 발전시킨다.

  – **P**rocess: 과정을 칭찬하라.

  – **O**nly: 다른 사람과 비교하지 마라.

  – **B**ehavior: 행동 중심으로 칭찬하라.

  – **S**mall: 작은 것을 칭찬하라.

STEP 3

의견을 반대할 때는 PCS 대화로

사람들은 직장생활의 대부분을 자신의 관점을 고수하면서
타인에게 충고를 하며 보낸다.
하지만 대부분의 문제들은 고유의 배경과 특성이 있기 때문에
자신의 방법이 옳다는 보장이 없다.

_피터 셍게

STEP 3

의견 반대가 감정 반대가 안 되게 하라

1982년 1월 13일 미국 워싱턴 내셔널공항에서 비행기가 이륙 직후 추락해 78명이 사망한 사고가 있었다. 이 비행기 블랙박스에 기록되었던 대화 내용을 보자.

부기장: 저 날개 뒤쪽에 얼음이 맺혀 있는 것 같습니다. 잠시 상판을 살펴보시죠.
기장: 안 돼, 바로 이륙해야 돼.
부기장: 그러면 위험할 것 같은데요.
기장: 괜찮다니까.
부기장: (잠시 후) 기장님, 추락하고 있어요.
기장: 왜 지금 말하는 거야?

말콤 글래드웰은 《아웃라이어》에서 대부분의 항공기 사고가 부기장이 할 말을 제대로 못해서 발생한다고 밝혔다. 조종실 내의 위계질서 때문에 기장에게 직언을 하지 못하는 것이다.

소통의 중요함이 비단 비행기 안에서뿐이겠는가? 어떤 조직이든 구성원들이 솔직하고 자유롭게 의견을 말할 수 있느냐의 여부가 곧 그 조직의 경쟁력과 미래를 가늠하는 척도이다. 최고 수준의 경쟁력을 자랑하는 도요타 자동차는 생산적 반대 의견의 개진을 무엇보다 강조한다. "사이좋게 싸워라! 감정적으로 미워하지 않을 정도까지만……"

여러분이 이끄는 회의에서 참석자들, 특히 부하 직원들이 어떻게 행동하는가를 관찰해보라. 리더가 하는 말을 듣고 기록만 하는가? 아니면 활기차게 다양한 의견을 말하며, 심지어 상사의 의견에 반대되는 의견까지도 자유롭게 말하는가? 후자에 해당한다면 당신은 적어도 회의 진행에 있어서 탁월한 리더십을 발휘하고 있다고 할 수 있다.

"한 사람의 머리보다 두 사람의 머리가 낫다"는 말이 있지만, 여기에는 전제조건이 붙는다. 두 사람이 의견을 거리낌 없이 말할 수 있어야 한다. 가령 회의에 부서원 10명이 참석하는데, 리더가 주도적으로 말하고 직원들은 함구만 하고 있다면 그 회의는 시간과 인력 낭비일 뿐이다. 세상의 많은 리더들은 직원들이 좋은 의견을 자유롭게 말해주기를 바란다. 그러나 대다수 직원들은

리더는 어떻게
말하는가

Step _ 3
의견을 반대할 때는
PCS 대화로

입을 다물고 상사의 말을 듣고 있거나 받아 적기만 한다. 왜 그럴까? 다음은 직장에서 자주 볼 수 있는 부서 회의의 모습이다.

양팀장: 자! 여러분, 잠깐 회의 좀 합시다. 우리의 주요 고객인 S전자에서 신제품 출시를 1개월 앞당긴답니다.
김과장: 아니! 왜 갑자기 그렇게 서두른답니까?
양팀장: 그쪽 사정을 우리가 알아서 뭐합니까? 어차피 우리는 S사의 일정을 따라가는 수밖에 없는데요.
직원들: ……
양팀장: 중요한 건 9월 초 납품 일정을 8월 초까지 어떻게 맞출까입니다. 다들 의견을 말해보세요.
이대리: 8월 초에 가족들과 해외여행 계획이 있는데요.
양팀장: 지금 그걸 말이라고 합니까? 문제를 해결할 수 있는 방안을 말해보라고요.
직원들: ……
양팀장: 별 뾰족한 방안이 없으리라 생각합니다. 당분간 토요일에도 출근하여 급한 불을 끕시다.
박차장: 2/4분기 내내 직원들이 일에 지쳤습니다. 일이 이렇게 많으니 파트타임 직원이라도 좀 채용하면 좋겠습니다.
양팀장: 그건 안 됩니다. 인건비를 늘릴 수 있는 상황이 아

닙니다. 다른 의견 없어요?

직원들: ……

양팀장: 고되겠지만 8월 첫 주까지 토요일에도 출근하는 것으로 하겠습니다.

이렇게 진행된 회의에서 결정된 사항을 직원들이 어떻게 생각할까? 간단히 말해 의욕이 나지 않을 것이다. 팀장이 회의를 진행하는 방법이 잘못되었기 때문이다. 가장 큰 잘못은 상대방의 의견에 대하여 "지금 그걸 말이라고 합니까?"와 같이 면박을 주거나 인격을 무시한 것이다. 이러한 상사의 말에 직원들은 곧바로 입을 닫아버린다. 뿐만 아니라 자신의 의견이 무시된 회의에서 결정된 사항이니 실행 단계에서도 자발적으로 동참하지 않는다. "토요일에 출근하여 열심히 일하자"고 결론이 났지만, 직원들의 마음은 냉소적이 된다.

회의나 토론을 하다보면 직원이 제시한 방안이 상사의 눈에는 미흡하게 보이며 채택할 수 없는 것일 수 있다. 예컨대 인건비 부담으로 어려움을 겪는 상황에서 파트타임 직원을 채용하자는 방안이 이에 해당한다. 관건은 이러한 의견을 어떤 표현으로 거부하느냐이다.

직장의 회의에서 채택할 수 없는 의견을 말한 직원에게도 마음을 열게 만드는 대화방법이 있다. 바로 PCS 대화법이다. PCS 대화는 상대방의 관점을 먼저 인정한 후 나의 의견을 말하는 방법이다. 간단하지만 그 효과는 대단하다. 상하 간의 회의에서도 활발하게 의견을 교환할 수 있으며, 상대방을 존중하는 관계를 유지할 수 있다. '성과'와 '관계'의 두 마리 토끼를 잡는 대화법이라고 할 수 있다.

PCS 대화의 원리

PCS 대화의 명칭은 다음 영어단어의 첫 글자에서 비롯되었다. Positivity(상대방 의견의 장점), Concern(염려), Suggestion(제안)이 그것이다. 상대방의 의견에 반대하거나 다른 의견을 제시할 때 장점, 염려, 제안의 순서로 말한다고 하여 필자는 줄여서 '장염제 대화'라고 부르기도 한다.

> **PCS 대화의 3단계**
> **P**ositivity: 상대방의 심정이나 상대방 의견의 장점에 공감해준다.
> **C**oncern: 상대방의 의견을 수용할 때 야기되는 염려사항을 설명한다.
> **S**uggestion: 염려사항을 피해갈 수 있는 자신의 의견을 제안한다.

직장에서 서로 의견이 상충하는 경우에 PCS 대화는 어떤 효과가 있을까? S전자 납품 기일이 촉박한 앞의 상황을 PCS 대화로 해결해보자.

양팀장: 자! 여러분, 잠깐 회의 좀 합시다. 우리의 주요 고객인 S전자에서 신제품 출시를 1개월 앞당긴답니다.
김과장: 아니! 왜 갑자기 그렇게 서두른답니까?
양팀장: 저도 어제 밤잠을 못 잤습니다. 일정을 갑자기 앞당기니 당황스럽지요? [Positivity, 상대 심정 공감] 배경은 S사와 경쟁관계인 A사에서 신제품이 예정보다 빨리 나오기 때문이랍니다.
직원들: 고래 싸움에 새우등 터지는 꼴 아닙니까?
양팀장: 여러분 심정 이해가 갑니다. 그동안 일이 많아 주말에 제대로 쉬지도 못했는데…… [Positivity, 상대 심정 공감]
직원들: 그야 팀장님도 마찬가지지요.
양팀장: 9월 초 납품 일정을 8월 초까지 당겨야 하는데, 어떻게 하면 좋을지 다들 좋은 의견 있으면 말해보세요.
이대리: 저는 8월 초에 가족들과 해외여행 계획이 있는데요.
양팀장: 아, 그런 스케줄이 있군요…… 가족들과 함께하는 일정이라 변경이 어려울 텐데. [Positivity, 상대 심정 공감]

이대리: 그때 꼭 휴가를 가야 합니다.

양팀장: 다른 뾰족한 방안이 없을까요?

박차장: 2/4분기 내내 직원들이 일에 지쳤습니다. 일이 이렇게 많으니 파트타임 직원이라도 좀 채용하면 좋겠습니다.

양팀장: 그것도 방안으로 생각할 수 있습니다. 그렇게 하면 시간을 좀더 단축시킬 수 있겠지요. [Positivity, 상대 의견 공감] 그런데 어제 사장님께서 인건비와 인력 운영 부분에서 회사의 재정이 어렵다는 말씀을 하시더군요. 그뿐 아니라 아무리 파트타임 직원이라도 사람을 쓰면 일을 훈련시키고 내보내고 할 때 복잡한 문제들이 생길 텐데요. [Concern, 염려] 말씀해준 의견을 채택하지 못하는 배경을 이해해주기 바랍니다. 또 다른 의견은 없을까요?

이대리: 꼭 토요일에 출근하지 않아도 납품 일정만 맞추면 되는 것 아닙니까? 오늘부터 야근을 30분 더하고, 근무 시간에 좀더 집중해 일하면 안 될까요?

양팀장: 물론이지요. 좋은 의견 말해주어 고마워요. [Positivity, 상대 의견 공감] 또 다른 묘안이 없다면 이대리의 방안이 좋다고 생각되는데, 여러분 생각은 어떠세요? [Suggestion, 제안] 만약 야근을 30분 더했는데도 일정을 맞추기 어려우면 그때 다시 한 번 회의하도록 합시다.

Step _ 3
의견을 반대할 때는
PCS 대화로

박차장: 좋습니다. 팀장님 입장도 이해되고, 회사가 살아야 우리도 살 거 아닙니까. 남은 기간 열심히 해서 일정을 맞춰 보겠습니다.

단지 PCS의 순서로 대화방법만 바꾸었을 뿐인데 회의 분위기와 실행 의욕이 앞의 사례와는 180도 달라졌다. 먼저 직원들이 다양한 의견이나 감정을 말하고 있다. 또한 대화 끝에 이르러서도 열심히 해보자고 말하며, 실행 단계에 적극적으로 동참할 의지를 보여주고 있다. 지시형 대화와는 엄청난 차이가 있다. 성과와 관계의 두 마리 토끼를 잡고 있는 리더인 셈이다. 이제 PCS 대화의 각 단계를 좀더 자세히 살펴보자.

POSITIVITY.
상대방 의견의 장점을 인정한다

직장의 회의에서 서로 의견이 다를 때 사람들은 어떻게 말할까? 상대방의 의견에 일리 있는 부분이 있더라도 못 들은 척하거나 무시하며 자신의 의견만 강하게 주장한다. 자신의 의견이 관철될 때 따라오는 이익이 있다면 그 욕구는 더욱 커지기 마련이다.

서로 의견이 다를 때 사람들이 상대 의견을 무시하는 데는 이유가 있다. 상대방의 입장을 인정하면 논리 싸움에서 결국 자신이 지게 될 것이라는 계산 때문이다. 이들은 자신의 상사에게는 본능적으로 존중하는 말을 하기도 하지만 동료나 부하 직원을 상대할 때는 습관적으로 의견을 무시한다. 그러나 PCS 대화법을 아는 설득의 고수들은 상대방의 감정이나 의견의 장점을 인정하는 말을 먼저 한다. PCS 대화에서 Positivity 단계를 먼저 말하는 이유도 여기에 있다.

의견이 상충될 때 상대를 인정하는 말을 먼저 하는 것이 효과적이라는 말은 역설적으로 들린다. 그러나 의견이 상충될 때 상대방 의견의 장점을 인정한다는 것은 어디까지나 부분적 인정에 그치는 것이다. PCS 대화는 상대방 의견으로 결론이 나기보다 오히려 자신의 의견을 좀더 효과적으로 관철시키기 위한 고차원의 방법이다. 말하자면 2보 전진을 위한 1보 후퇴이다.

　PCS 대화를 모르는 사람들이 서로 자신의 의견이 옳다고 주장하는 상황을 생각해보자. 이때 모두 각자의 입장에서는 의견에 일리 있는 측면이나 장점을 조금씩은 가지고 있다. 자신의 의견은 100퍼센트 옳고, 상대방 의견은 100퍼센트 틀릴 가능성은 이 세상에 존재하지 않는다고 봐야 한다. 더 양보하여 이슈에 대하여는 100퍼센트 틀린 정보나 아이디어를 가지고 있는 사람이라고 해도 옳다고 생각하는 '감정'은 있게 마련이다. 그조차 없으면 자신의 의견이 옳다고 주장하지도 않을 것이다.

　5살 어린이가 아침 식사 시간에 엄마에게 "햄버거 먹고 싶어. 햄버거 안 주면 유치원에 안 갈 거야"라고 말하는 상황을 가정해보자. 엄마는 아침에 햄버거를 달라고 조르는 아이의 생각이 100퍼센트 잘못되었다고 생각할 것이다. 하지만 아이는 어제 유치원에서 친구가 햄버거를 먹었다고 자랑을 하였다든지 그렇게 조르는 사정이나 감정이 있을 수 있다. 아이의 의견이 엄마의 판단에는 타당하지 않지만 아이의 감정까지 무시할 수는 없다. 이

때 아이를 설득하기 위한 효과적인 방법이 먼저 자녀의 감정을 인정해주는 것이다.

　직장에서 서로 대등한 위치에 있는 사람들이 의견 충돌을 일으키는 상황을 가정해보자. A팀장이 B팀장의 의견을 무조건 무시하며 자신의 의견만을 강조한다면 B팀장은 어떻게 반응할까? 얼굴을 붉히며 목소리도 더욱 높아지고 결국 감정적인 논쟁으로 변질될 가능성이 많다. 만약 B팀장이 맞대응을 하지 않는 사람이라면 어떨까? 이때도 감정의 거리가 멀어져 A팀장의 말을 경청하거나 마음으로 공감해줄 가능성은 없다.

　직장의 구성원들끼리 의견이 충돌하는 상황에서 합의점을 쉽게 찾는 열쇠는 상대를 끌어안는 말을 하는 것이다. 먼저 상대방의 의견을 인정해보자. 상대방의 반응은 언제 그랬냐는 듯 우호적으로 바뀐다.

　상대방에게 자신의 의견을 관철하기 위한 설득의 기법에 대하여 그동안 수많은 연구와 실험들이 이뤄져왔다. 데일 카네기의 고전적인 인간관계론부터 하버드대학의 협상이론에 이르기까지, 이루 말할 수 없을 만큼 많다. 그런데 효과적인 설득기법으로 제시되는 결론은 거의 동일하다. "자신의 의견을 강하게 주장하기보다 상대의 말을 먼저 경청하고 공감해줄수록 설득 효과는 높아진다"는 것이다.＊ EBS 연구에서는 설득을 잘하는 사람과 못하는 사람에 따라 대화 시간의 차이도 발견하였다. 설득의 성과가 가장 높은 사람들은 전체 대화 시간의 70퍼센트를 상대방의 말을 듣는 데 사용하였다. 반면 설득력이 낮은 사람들은 자신의 주장을 하는 데만 70퍼센트의 시간을 사용하였다.

　탁월한 리더들은 직원에게도 설득의 고수들이 쓰는 기법을 사용한다. 공감하고 인정하는 말을 먼저 하는 PCS 대화의 효과를 알기 때문이다. 상대의 심정을 공감하는 말을 하면 상대의 태도가 부드럽게 바뀌면서 내가 말할 때 열린 마음으로 들어준다. 감정적으로 나를 거부하지 않고 함께 문제를 해결하고자 하는 파트너의 입장으로 바뀐다.

EBS, 《설득의 비밀》, 쿠폰북, 2009.

CONCERN.
염려되는 사항을 설명한다

직장에서 직원들과의 대화에서 의견이 미흡하다고 생각할 때 면박을 주는 리더들이 많다. "그건 안 돼" "지금 회사 상황을 알고 하는 소리야?" "그게 가능하다고 생각해?" 등의 말이다. 이러한 말은 상대방 의견의 장점조차 인정하기 않기 때문에 상대의 기분을 언짢게 하는 정도를 넘어 자존심까지 상하게 할 수 있다.

그런데 문제는 여기서 끝나지 않는다. 이런 말을 듣는 직원은 자존심이 상한 것은 둘째치고 상사의 말을 쉽게 이해하지 못한다. '왜 안 된다고 하지?' '회사 사정이 어떻다는 거야?'라고 생각할 것이다. 상사가 알고 있는 정보를 직원은 모르고 있다는 점을 감안하면 직원의 이러한 반문은 당연하다. PCS 대화의 두 번째 단계인 Concern 단계는 상대의 의견을 채택할 수 없는 이유, 즉 그 의견을 채택할 때 따라오는 장애 요소나 단점 또는 어려움을 자세히 설명해주는 것이다.

직원의 제안이나 건의에 대하여 상사가 "그건 안 돼"라고 말한다면 그럴 만한 이유가 있는 경우가 많다. 그 방안에 따랐다가 과거에 실패한 경험이 있다거나, 회사 방침이나 경영진의 지시에 위반된다거나, 리더 자신에게 책임이 돌아가는 경우 등을 예상할 수 있다. 직원의 의견을 수용할 수 있는 경우보다 거부해야 할 경우가 더 많은 것이 현실이다. 이때 상사는 거부하는 이유를 말해주는 것이 좋다. 합리적 결정을 하면서도 동시에 상대와 우호적 관계를 유지하기 위함이다.

하지만 대다수의 리더들은 직원들의 의견을 거부할 때 염려되는 사항을 제대로 말해주지 않는다. 그 가장 큰 원인이 말해주지 않아도 상대방이 다 알고 있을 것으로 가정하기 때문이다. 그런데 직원은 팀장처럼 간부회의에 참석하지도 않으며, 팀장처럼 다른 부서의 상황을 잘 알지도 못한다. 이런 상황에서 "지금 회사 상황을 알고 하는 소리야?"라고 말한다고 해서 직원이 설득될 리 없다. 염려되는 사항을 말해주지 않고 상사의 의견을 제시하면 그 대화는 결국 일방적 지시가 되고 만다.

관건은 의견을 거부할 때 적절한 대화방법을 쓰는 것이다. 직원이 인격체로서 무시당한다는 느낌을 갖지 않도록 하는 것이 중요하다.

앞서 말했듯 조직의 구성원으로서 직원들은 물질적 보상 못지 않게 심리적 보상에 목말라한다. 연구에 의하면 직원들이 회사에 원하는 사항으로 가장 많이 거론되는 것이 업무 및 조직 내의 존재감이다.* 흔히 중요하다고 생각하는 임금이나 승진보다도 직원들이 더 갈급해하는 것이 자신을 '인격적 존재'로 대우해달라는 것이다. 직장에서 리더가 직원의 의견을 받아들일 수 없는 경우가 많다는 사실을 직원들은 모르지 않는다. 다만 자신의 의견이 받아들여지지 않을 때에도 인격적으로 무시당하지 않기를 바랄 뿐이다.

"그 제안은 말도 안 됩니다. 긴 말 말고 시키는 대로 하세요"라고 말해서는 안 된다. 리더가 거절할 수밖에 없는 이유를 자세히 말해줄수록 직원들은 리더의 처지를 이해하고 협조자로 바뀌게 된다.

★

LeDue, A. I. Jr., *Motivation of Programmers*, Data Base, 3, 5. 1980.

SUGGESTION.
해결방안을 제안한다

상대의 의견이 비록 미흡하더라도 먼저 일리 있는 부분을 인정해주고(Positivity), 그것을 채택할 때 염려되는 사항(Concern)을 자세히 설명해주면 설득의 대화는 거의 성공했다고 볼 수 있다. 이때 염려사항을 예방하며 문제를 해결할 수 있는 방안을 제안하는 것이 PCS 대화의 마지막인 Suggestion 단계이다.

자신의 주장이 상당히 강한 사람이라도 Positivity와 Concern 단계를 거친 후 새로운 방안을 제안하면 대부분 협조적인 경청자로 바뀌며, "잘 알겠습니다" 하고 흔쾌히 동의해준다. 이때의 동의는 상사가 일방적 지시를 내린 후 "잘 알겠습니다"라고 말하는 것과 차원이 다르다. 거절할 수밖에 없는 이유, 즉 염려사항을 설명했기 때문에 직원은 상사의 요청에 자발적으로 협조한다.

해결방안을 제안하고자 할 때 상사에게도 마땅한 방안이 생각나지 않으면 어떻게 하면 좋을까? 직원이 제시한 방안을 채택하기도 곤란하지만 그렇다고 상사 자신도 대안을 제시하기가 애매한 경우가 있을 수 있다. 이때에는 상대에게 "어떤 해결방안이 있는지 함께 고민해봅시다"라고 제안하는 것도 또 다른 제안의 방법이다.

업무용 차량을 퇴근 시에 사용하려는 직원에게 팀장이 사용한 PCS 대화의 사례를 살펴보자. 특히 Positivity와 Concern 단계를 거친 후 제안하는 방법을 유심히 보기 바란다.

> 송대리: 팀장님, 내일 아침 9시에 협력업체에 도착해야 하는데, 출근 후 회사 차를 몰고 가면 늦으니 퇴근할 때 가져가면 안 되겠습니까?
> 박팀장: 아침 9시에 협력업체에 도착하려면 어려움이 있겠네요. [Positivity] 그런데 규정상 퇴근 시에 회사 차를 못 가져가는 것은 알고 있지요? 또 최근에 영업팀 직원에게 차량 사고가 나서 차량 운행 기준을 지키라는 사장님의 엄명이 있었습니다. [Concern]
> 송대리: 그런 지시가 있었습니까?
> 박팀장: 예, 송대리 입장은 이해가 되는데 [Positivity] 규정이나 사장님 지시 때문에 어떤 조치를 해야 할지 묘안이 떠오르지 않네요. 어떤 방안이 있을까요? [Suggestion]

송대리: 저도 당장은 방안이 없습니다만, 동료들의 의견을 모아보고 다시 건의드리겠습니다.

박팀장: 그럼 번거롭더라도 내일은 일찍 회사에 나와서 차를 가져가고 향후 개선방안은 다시 의논해보면 어떻겠어요?
[Suggestion]

송대리: 네, 잘 알겠습니다.

탁월한 리더십을 발휘하는 방법은 천재의 머릿속에 있지 않다. 매일의 상호작용에서 이루어지지는 대화를 어떻게 하느냐가 중요하다. 비록 직급은 낮지만 상대를 존중하는 리더의 말 한마디에 직원들은 신바람이 난다. 이러한 효과를 가장 쉽게 얻을 수 있는 대화방법이 PCS 대화법이다.

"지금 그걸 말이라고 합니까?"
상사의 이러한 말에 직원들은
곧바로 입을 닫는다. 탁월한 리더는
직원들과 늘 PCS 대화를 한다.
첫째, 상대의 말에 먼저 공감해준다.
둘째, 상대방의 의견에서
염려되는 부분을 설명한다.
셋째, 염려사항을 피해갈 수 있는
의견을 제안한다.
직장의 리더들이 직원들과
PCS 대화를 하면
조직은 와글와글 활력을 띤다.

실전 PCS 대화
성공 사례

다음은 근무방식의 변경을 앞두고 팀장과 직원들의 의견이 충돌하는 상황이다. 먼저 서로의 입장을 살펴보자.

팀장의 입장

분기 말이 가까운데 영업팀의 목표 달성률이 80퍼센트에 불과하여 사장님에게 심한 독려를 받았다. 사장님에게 직원들의 자율에 맡기지 말고 저녁에도 실적을 점검하라고 지시를 받았다. 연말까지 목표의 95퍼센트 이상을 달성하지 못하면 팀장 보직이 박탈될 것으로 예상된다. 현 상황을 돌파하려면 직원들의 근무방식을 바꿔야 한다. 그동안 자율적인 영업활동을 위하여 아침 미팅만 하고 오후에는 영업 현장에서 바로 퇴근하는 것을 허용했다. 앞으로는 퇴근 시 사무실로 돌아와 일일활동을 보고하게 하여 긴장감을 주어야겠다.

직원들의 입장

영업실적이 나쁜 것은 전반적으로 경기가 나쁘기 때문이다. 경쟁사들도 우리와 비슷한 상황인 것을 보면 알 수 있지 않은가? 직원들의 자율적인 근무를 믿지 못하고, 아침저녁으로 팀장이 회의를 하고 다그치는 것은 좋은 방법이 아니다. 성과 달성에 오히려 방해가 될 것이다.

팀장의 생각과 직원들의 생각이 확연히 다름을 알 수 있다. 이런 상황에서 PCS 대화를 모르는 지시형 리더라면 어떻게 말할까?

박팀장: 여러분, 7월 말 현재 우리 팀의 목표 달성률이 몇 퍼센트인지 압니까?
송대리: 목표에 좀 못 미칩니다.
박팀장: 좀 못 미치다니, 80퍼센트에 불과합니다. 이래서 되겠습니까?
김대리: 열심히 하고는 있지만 경기가 나빠서 어려움이 많습니다.
박팀장: 경기 탓만 할 게 아닙니다. 그동안 여러분을 믿고 아침에만 모였는데, 내일부터는 저녁 미팅을 하겠습니다. 일일활동 실적을 보고하고 퇴근하세요.

직원들: 그러면 저녁에 고객을 만나지도 못하는데, 어떻게 영업을 합니까?
박팀장: 사장님 지시이기도 합니다. 여러 말 말고 방침대로 따라주세요.
직원들: ……

이렇게 대화를 끝낸 팀장은 자신의 지시대로 직원들이 열심히 움직여주기를 바란다. 하지만 직원들은 팀장의 지시에 헌신해야겠다는 마음이 생길 리 만무하다. 대화 과정에서 팀장이 직원들의 감정이나 의견을 공감해주지 않았으며, 직원들의 인격적 존재감을 무시하였기 때문이다. 하지만 동일한 상황에서 PCS 대화를 하면 직원들의 태도는 달라진다.

박팀장: 아침에 사장님께서 우리 팀의 실적 부진 때문에 우려가 많았습니다.
직원들: 죄송합니다.
박팀장: 팀장으로서도 미안합니다. 먼저 죄송하다고 말해주니 고맙기도 합니다. [Positivity] 어떻게 하면 현 상황을 돌파할 수 있을까요?
김대리: 열심히 하고 있지만 경기가 나빠서 어려움이 많습

니다.

박팀장: 경기가 나쁜 것도 하나의 요인이지요. 또 열심히 하고 있다는 말도 공감합니다. [Positivity] 그럼에도 불구하고 목표의 80퍼센트만 달성하고 있는 현 상황이 문제인 것도 사실입니다. 사장님은 직원들이 저녁에도 미팅을 하기를 원합니다. [Concern]

송대리: 고객을 만나서 저녁 식사까지 해야 할 경우가 있는데, 저녁에도 미팅을 하면 영업활동을 더 위축시킬 것입니다. 지금처럼 믿고 맡겨주세요.

직원들: 그게 좋겠습니다.

박팀장: 여러분의 심정에 충분히 공감합니다. [Positivity] 그런데 여러분의 의견대로 하기에는 팀장으로서 어려움이 있습니다. 목표 달성을 위해 무엇이든 시도해보지 않으면 안 되니까요. 또 사장님이 강조하신 사항을 따르지 않는 것도 팀장으로서 어려운 일이고요. [Concern]

직원들: 말씀 듣고 보니 팀장님 입장이 이해가 됩니다.

박팀장: 스트레스도 줄이면서 성과도 개선할 수 있는 묘안이 없을까요? [Suggestion]

직원들: 글쎄요……

박팀장: 그럼 일단 분위기 쇄신 차원에서 저녁 미팅을 9월

한 달간 실시해보고 재논의하면 어떨까요? [Suggestion]
직원들: 그 정도면 해볼 만합니다. 열심히 할 테니 한 달 후에는 다시 믿고 맡겨주시도록 사장님께 말씀해주셨으면 합니다.
박팀장: 알겠습니다. 심기일전해봅시다.

    PCS 대화는 매우 단순한 원리이지만 그 효과는 상당하다. 직원들의 의견이 받아들여지지는 않았지만 직원들의 존재감은 존중되었기에 "열심히 하겠다"는 말이 자발적으로 나온다. 직장의 리더들이 대화와 토론에서 직원들과 PCS 대화를 나누면 조직은 '와글와글' 활력을 띠게 된다. 또한 리더와 직원들도 서로를 존중하는 우호적 관계로 발전된다.

POINT CHECK

포인트 체크

1. PCS 대화는 업무회의에서 다양한 의견을 활성화하는 바탕이다.
  – 직원이 상사와 반대되는 의견을 말하지 못하면 조직은 침체된다.
  – 직원이 상사에게 반대 의견을 말할 수 있으려면 상사가 평소 직원을 존중해야 한다.

2. PCS 대화는 상대 의견에 반대할 때에도 존중의 분위기를 만들어준다.
  – **P**ositivity: 상대방의 심정이나 상대방 의견의 장점에 공감해준다.
  – **C**oncern: 상대방의 의견을 수용할 때 야기되는 염려사항을 설명한다.
  – **S**uggestion: 염려사항을 피해갈 수 있는 자신의 의견을 제안한다.

3. 많은 리더들이 PCS 대화와 반대되는 방법으로 말한다.
  – 자신의 주장을 관철하기 위해 상대방 의견을 무시한다.
  – 상대방은 기분이 나빠지며 더 강하게 자기 주장을 한다.

STEP 4

가벼운 문제는 ABCD 대화로

리더들이 하기 어려운 일 중 하나가 사람을 질책하는 것이다.
질책을 즐기는 사람이 리더가 될 수 없듯
질책을 할 수 없는 사람도 리더가 될 수 없다.

_잭 웰치

STEP 4

생각의 차이를
줄이는 것이 관건이다

리더와 직원이 매일 상호작용하는 과정에서 생기는 실수나 의견 차이는 그다지 심각하지 않은 사항들이 많다. 보고서에 자주 오탈자가 눈에 띈다거나 예고도 없이 결근을 하는 경우 따위가 이에 해당한다. 이때 팀장이 이런 행동을 그냥 넘어갈 것인가 말 것인가는 상대에 따라 달라진다.

    예컨대 평소에는 전혀 그러지 않던 직원이 갑자기 결근을 하였다면 그럴 만한 이유가 있을 것이다. 이런 경우라면 한마디의 염려와 격려로 족할 것이다. 그러나 수시로 그러한 행동을 한다면 리더 입장에서도 더 이상 묵인하기가 곤란하다. 더구나 그런 행동이 누적되면 온화하게 말하기가 쉽지 않다. 짜증 섞인 목소리로 다음과 같이 말할 가능성이 높다.

강팀장: (감정 섞인 목소리로) 허대리, 어제 왜 예고도 없이 출근을 안 했어요?

허대리: 개인적으로 불가피한 사정이 생겨서 그랬습니다.

강팀장: 그런데 왜 나에게 미리 말하지 않았어요?

허대리: 결근한다는 것이 미안해서 동료에게 보고해달라고 부탁했습니다.

강팀장: 그게 말이나 되는 얘기요? 유치원생도 아니고……

허대리: ……

강팀장: 허대리 같은 사람을 보면 도저히 이해가 안 돼.

허대리: 제가 뭐 그리 큰 잘못을 했다고 이렇게 나무라십니까?

강팀장: 뭐? 당신이 이런 일이 처음이라면 내가 이러겠어?

직장에서 수시로 일어나는 질책성 대화의 한 단면이다. 좀더 들여다보면 갈등의 원인에 대한 두 사람의 문제의식이 크게 다름을 알 수 있다. 팀장은 때때로 예고도 없이 결근을 하는 허대리의 행동을 '방치되어서는 안 될 문제행동'이라고 인식하지만, 당사자인 허대리는 '그것이 뭐 그리 큰 잘못이냐?'고 생각한다. 허대리는 별일 아닌 문제로 팀장이 지나치게 나무란다고 생각하며, 미안하게 생각하기는커녕 팀장을 못마땅해한다.

왜 이런 인식의 차이가 발생하는 것일까? 직원은 자신의 행동이 야기하는 파급 효과에 대하여 리더가 생각하는 만큼 인지하지 못하기 때문이다. 팀장은 아마 이렇게 생각했을 것이다.

'프로젝트를 성공시키려면 구성원들의 팀워크가 중요하다.'
'어떤 직원이 출근하지 못할 때는 사전에 보고하여 다른 사람에게 업무를 넘겨야 한다.'
'허대리의 예고 없는 결근은 과거에도 자주 있었기에 정신자세가 문제이다.'
'어제 허대리가 결근하지 않았다면 전체 회식을 하려고 했다.'

허대리는 팀장이 생각하는 위의 사항들을 몇 개나 알고 있을까? 허대리가 결근하면서 했던 생각들은 다음과 같다.

'내일은 급한 업무가 없으니 결근해도 팀에 피해를 주는 일은 없을 것이다.'
'결근으로 생긴 업무 공백은 알아서 메워야겠다.'
'팀장에게 미리 말하면 싫어할 테니 동료에게 보고해달라고 부탁하자.'

예고 없는 결근에 대한 팀장과 허대리의 입장은 상당히 다르다. 그런데 만약 허대리가 자신의 결근으로 인해 팀장이 느끼는 고충을 알고 있다면 생각이 달라질 것이다.

직장에서 직원의 행동에 문제가 있을 때 상사가 대화를 하는 목적은 1가지다. 직원에게 자신의 잘못을 인지시키고 그런 행동을 더 이상 하지 않도록 하는 것이다. 따라서 직원의 잘못된 행동을 바로잡는 계도의 대화가 생산적인 결과를 가져오려면 생각의 차이를 줄이는 것이 관건이다. 이를 위한 매우 효과적인 대화가 ABCD 대화다.

ABCD 대화의 원리

ABCD 대화의 명칭은 다음과 같은 4단계 프로세스의 첫 글자에서 비롯되었다.

> **ABCD 대화의 4단계**
> **A**ction: 상대의 문제점을 행동 중심으로 짚어준다.
> **B**ring: 상대의 문제행동이 초래한 애로사항을 설명한다.
> **C**hange: 문제 해결에 필요한 변화를 요청한다.
> **D**iscover: 상대방의 입장을 묻는 질문을 한다.

ABCD 대화의 Action 단계에는 추상명사나 인격을 비난하는 용어 대신에 '관찰 가능한 행동'이나 '사실'만을 언급해야 한다는 비폭력 대화의 원리가 그대로 녹아 있다. 이어서 Bring 단계에는 주어를 상대(You)가 아니라 자신(I)으로 바꾸어 '나'에게 초래된 애로사항을 설명해주는 나-표현법의 원리가 내포되어 있다. ABCD 대화를 논의하기 전에 비폭력 대화의 원리를 자세히 살펴본 이유도 여기에 있다. ABCD 대화의 능력을 갖추기 위한 예비 학습이었다.

그렇다면 공격적으로 질책하는 대화와 비폭력 대화의 원리에 따라 Action, Bring 단계를 거친 대화를 비교해보자. 먼저 공격적으로 질책하는 경우이다.

> 강팀장: 허대리, 어제 왜 출근을 안 했어요?
> 허대리: 결근한다는 것이 미안해서 동료에게 보고해달라고 부탁했습니다.
> 강팀장: 허대리 같은 사람을 보면 도저히 이해가 안 돼.
> 허대리: 제가 뭐 그리 큰 잘못을 했다고 이렇게 나무라십니까?

이를 ABCD 대화법에서 A, B단계까지 진행해보자.

> 강팀장: 허대리, 어제 예고 없이 결근을 했던데요. [Action] 무슨 일 있었어요?
> 허대리: 집에 갑자기 급한 일이 있었습니다.

강팀장: 예고 없이 결근을 하면 여러 가지 문제가 생깁니다. 어제 허대리의 담당 고객이 문의전화를 했는데 처리를 못했어요. 또 팀원들끼리 모처럼 다 같이 저녁 식사를 하려고 했는데 기분이 나지 않아 취소했지요. [Bring]

허대리: 죄송합니다.

강팀장: 알았으니 가서 일 보세요.

일방적으로 꾸짖지 않고 비폭력 대화의 원리에 따라 공격성이 약해진 대화를 나눈 것은 잘한 일이다. 그런데 여기서 "알았으니 가서 일 보세요" 하고 대화를 마무리하고 있다. 이러한 마무리는 뭔가 부족하다는 느낌이 들지 않는가? 리더가 직원의 문제행동을 꾸짖는 경우에는 상대방에게 "앞으로는 어떠어떠한 점을 고쳐주기 바란다"는 변화를 요청하는 것이 자연스러운 순서이다. ABCD 대화에서 Action과 Bring 단계 다음에 Change 단계가 추가되는 이유이다. 끝으로 상대방의 입장을 묻고 말할 기회를 주는 Discover 단계로 대화를 마무리하는 것이 중요한 포인트이다. Discover 단계는 대화의 마무리를 상대방을 존중하는 밝은 분위기로 변화시켜준다.

ABCD 대화법을 배운 팀장이 예고 없이 결근한 허대리와 대화하는 상황을 살펴보자.

강팀장: 허대리, 어제 예고 없이 결근을 했던데요. [Action] 무슨 일 있었어요?

허대리: 집에 갑자기 급한 일이 있었습니다.

강팀장: 예고 없이 결근을 하면 여러 가지 문제가 생깁니다. 어제 허대리의 담당 고객이 문의전화를 했는데 처리를 못했어요. 또 팀원들끼리 모처럼 저녁식사를 하려고 했는데 기분이 나지 않아 취소했지요. [Bring]

허대리: 죄송합니다.

강팀장: 앞으로는 결근을 하려거든 반드시 미리 알려주시기 바랍니다. 불가피한 경우에는 나에게 직접 전화해서 상의해 주고요. [Change]

허대리: 예, 알겠습니다.

강팀장: 허대리, 오늘 내가 한 말에 대하여 섭섭하거나 실행하기 어려운 점은 없겠어요? [Discover]

허대리: 아닙니다. 제가 예고 없이 결근해 팀장님께 여러 가지 심려를 끼쳐드렸네요. 혼내시 않고 말씀해주셔서 오히려 감사합니다. 앞으로는 결근할 일이 있으면 미리 상의드리겠습니다.

강팀장: 그리 약속해주니 고마워요. 앞으로 잘 부탁해요.

리더는 어떻게 말하는가

Step _ 4
가벼운 문제는
ABCD 대화로

이 대화를 Change 단계로 끝냈다면 허대리는 "예, 알겠습니다"라고 말하고 자리에서 일어났을 것이다. 그렇게 돌아서는 허대리는 물론 팀장도 기분이 썩 유쾌하지는 않을 것이다. 하지만 Discover 단계에서 상대방의 의견을 묻는 질문을 함으로써, 대화는 보다 수평적이며 상대를 존중하는 분위기로 전환된다.

ABCD 대화법은 이러한 원리에 힘입어 직원의 문제행동을 확실하게 변화시켜줄 수 있는 대화법이다. 직장의 리더들은 바로 다음과 같은 상황에서 ABCD 대화법을 활용할 수 있다.

이대리의 책상은 평소에 서류와 온갖 잡동사니로 산만하다. 팀장이 주의를 주어도 며칠을 못 간다. 정리정돈을 하지 않는 습관은 사무실 분위기를 흐리는 차원을 넘어서 심각한 문제를 일으킬 수 있다. 어제는 팀장이 이대리의 책상을 체크하니 고객정보가 담긴 서류를 치우지 않고 퇴근하였다. 컴퓨터도 켜져 있었고 서랍도 잠겨 있지 않았다. 팀장은 이대리의 행동을 더 이상 방치해서는 안 되겠다고 생각한다.

이런 상황에서 보통의 팀장이라면 다음과 같이 이대리를 질책할 것이다.

강팀장: 이대리, 당신, 팀장을 우습게 생각하죠?

이대리: 예? 무슨 말씀이신지……

강팀장: 책상 정리정돈을 잘하라고 내가 몇 번이나 말했어요? 또 책상을 안 치우고 퇴근했던데, 그런 정신으로 일이나 제대로 하겠어요?

이대리: (짜증내며) 팀장님, 그게 뭐 그리 대단한 문제라고 면박을 주십니까? 제가 성격이 깔끔하지는 않지만 그렇다고 일처리를 못하지는 않잖습니까?

강팀장: 잘하는 일이 뭔데? 도저히 반성할 여지가 없는 사람이구먼.

대화방법이 잘못됨으로써 정리정돈이라는 단순한 문제를 개선시키지 못하고 감정만 상하게 되었다. 하지만 동일한 상황에서도 ABCD 대화를 나눈다면 '생산적 나무라기'로 모두에게 유익한 결과에 이를 수 있다.

다음에서 ABCD 대화의 각 단계에서 유의할 사항을 살펴보면서, 이대리의 반복적 문제행동을 어떻게 개선시킬지 살펴보도록 하자.

ACTION.
문제점을 행동 중심으로 짚어준다

질책 대화가 상대방의 감정을 자극하지 않으려면 추상명사나 인격을 평가하는 용어를 사용하지 말아야 한다. "팀장을 우습게 아느냐?" "그런 정신으로 일이나 제대로 하겠느냐?" 등이 감정을 자극하는 잘못된 표현이다. 상대가 감정적으로 반발하지 않게 지적하려면 '관찰 가능한 행동'이나 '사실'만을 언급하는 것이 중요하다.

> 강팀장: 이대리! 어제 퇴근 후에 보니까 책상이 정돈되어 있지 않고, 고객정보가 그대로 노출되어 있던데요. 혹시나 싶어 체크해보니 노트북도 켜져 있고 서랍도 잠그지 않았던데, 알고 있습니까?
> 이대리: 죄송합니다. 어제 외근 후 바로 퇴근하느라……
> 팀장: 그래요? 잊었는지 모르지만 정리정돈을 잘하도록 올해

두 차례나 요청했는데 그때 뭐라고 대답했지요?

이대리: 잘하겠다고 했습니다…… 죄송합니다.

  이 대화에서 팀장이 거론하는 것은 모두가 객관적 사실들뿐이다. 고객정보, 컴퓨터, 서랍과 관련된 사실은 물론, 올해 두 차례 정리정돈을 잘하도록 요청한 사실과 이대리가 잘하겠다고 대답한 것 자체가 모두 사실이다.

  '쩨쩨하게 이런 것을 다 조목조목 말해야 하나' 하는 생각이 들지도 모르겠다. 하지만 지금 우리는 이 대화를 통해 문제행동을 하는 상대방을 반드시 변화시켜야 한다. 객관적 사실을 충분히 알게끔 거론해야 상대방은 긴장감을 가지게 된다. 아울러 이렇게 객관적 사실만을 말하기 때문에 상대는 감정적으로 반발하지 않는다. "맞습니다" "죄송합니다" 등의 대답만 할 수 있을 뿐이다.

BRING.
문제행동이 초래한 애로사항을 설명한다

조직생활을 하다보면, 정리정돈 문제보다 훨씬 심각하거나 견해 차이가 많이 나는 이슈들을 처리해야 하는 상황이 수도 없이 발생한다. 이때 화를 내며 "당신, 일처리를 그렇게 해도 되는 거야?" 또는 "당신 때문에 힘들어"라는 식으로 말하면, 상대는 '내가 좀 실수를 하긴 했어도 이런 소리까지 들어야 하나' '그게 그만큼 잘못한 일인가?' 하고 속으로 반문하고 말뿐이다. 상사가 나무라는 이유에 공감하지 못하고 가슴으로 받아들이지 않기 때문이다. 이러한 심리적 장벽을 뛰어넘으려면 상대의 문제행동으로 발생된 애로사항을 다각도로 설명해주어야 한다.

    강팀장: 이대리, 정리정돈이 별일 아니라고 생각하는 것 같은데, 그게 안 되면 중요한 문제들이 생길 수 있습니다.
    이대리: 예?

강팀장: 다른 회사에서 요즘 고객정보가 유출되어 곤경에 빠진 것을 알고 있지요? 우리 사무실 옆으로 타부서 직원들은 물론 방문객들도 다니지 않습니까? 책상 위의 자료는 물론 컴퓨터나 서랍 속의 자료들이 유출되면 어떤 일이 발생합니까? [Bring 1] 또 자료가 유출되면 이대리만의 문제가 아니라 팀 전체가 위험에 빠질 수 있습니다. [Bring 2]

이대리: ……

강팀장: 설사 자료가 유출되지 않는다고 해도, 총무과에서 불시에 보안 점검을 할 때 지적을 받으면 우리 팀의 근무 기강을 어찌 보겠어요? [Bring 3]

이대리: 죄송합니다.

강팀장: 한마디만 더할게요. 팀원들 모두에게 정리정돈을 잘 하자고 요청한 것 알고 있지요? 그런데 이대리가 이를 지키지 않으니 나의 방침이 존중되지 않는 느낌입니다. [Bring 4]

이대리: 거기까지는 생각지 못했는데, 팀장님께 심려를 끼쳐드려 죄송합니다. 앞으로 잘하겠습니다.

정리정돈과 같이 간단한 이슈이지만 다각도로 검토해보면 팀장에게 초래되는 애로사항은 한두 가지가 아니다. 이것을 모두 말해주어야 한다. 애로사항을 언급할 때는 리더 개인에게 초래되는 애로사항뿐만 아니라 회사나 동료, 고객, 심지어 상대방의 평판 등에 이르기까지 최대한 많이 열거할수록 좋다. 이해 관계자 모두를 나열하며 각각에 파급되는 영향을 언급하는 것이 설득 효과를 높여준다.

  Bring 단계는 주지하다시피 "네가 어떠어떠한 점을 잘못했다"라고 말하기보다 "내가 어떠어떠한 애로사항이 있다"라고 말하는 비폭력 대화의 원리를 사용하고 있다. 따라서 애로사항을 나열하는 순간에도 상대는 상처를 받지 않으며 조용히 듣고 있다. 그리고 나면 대부분 "거기까지는 생각하지 못했는데, 말씀 듣고 보니까 제 생각이 부족했습니다"라고 대답한다.

CHANGE.
문제 해결에 필요한 변화를 요청한다

A, B 단계까지 대화를 마치면 "앞으로 잘하겠습니다"라는 대답이 돌아오는데, 거기서 대화가 모두 끝났다고 생각하기 쉽다. 그러나 평소 문제행동으로 질책을 받는 직원이라면 또다시 약속을 어길 가능성이 많다. 확실한 실행으로 이어지게 하려면 변화를 요청하는 Change 단계가 필요하다.

팀장이 "앞으로는 정리정돈을 확실하게 해주세요" 또는 "두 번 다시 이런 문제로 마주보는 일 없도록 해주세요"라고 말한다면 구체적 행동을 요구하는 것이 아니다. 포괄적으로 알아서 잘하라는 뜻에 불과하다.

Change 단계에서는 행동으로 옮겨야 할 사항을 하나하나 구체적으로 나열하여 상대방이 책임감을 갖고 실행하게 해야 한다.

팀장: 앞으로 잘하겠다니 고마워요. 그런데 어떤 것을 고치

겠다는 말이지요?

이대리: 책상 정리정돈 등을 잘하겠다는 뜻입니다.

팀장: 꼭 지켜줬으면 하는 사항을 다시 한 번 말해볼게요. 퇴근 시간에 책상 위에 서류가 있어서는 안 됩니다. 컴퓨터는 반드시 꺼야 하며, 책상 서랍은 꼭 잠겨 있어야 합니다. 바로 이 3가지입니다.

이대리: 잘 알겠습니다.

팀장: 고마워요. 또 하나, 어제는 외근으로 사무실에 못 들어와서 그랬다는데, 앞으로 외근 시에는 어떻게 하겠습니까?

이대리: 못 돌아오는 상황이라면 반드시 동료 직원에게 부탁하여 조치하겠습니다.

팀장: 반드시 그렇게 해주기 바랍니다.

이 대화에서 "퇴근 시간에 책상 위에 서류가 있어서는 안 됩니다. 컴퓨터는 반드시 꺼야 하며, 책상 서랍은 꼭 잠겨 있어야 합니다"처럼 조목조목 명료하게 설명하며 구체적 행동을 요구하는 것이 바로 Change 단계이다.

DISCOVER.
상대방의 입장을 묻는 질문을 한다

이제 ABCD 대화의 마무리 단계이다. A, B에 이어 C 단계에서 요청사항을 구체적으로 말했다면 할 말은 거의 다한 셈이다. 아픈 환자가 수술 절차를 마치고 마무리 처치만 남은 것에 비유할 수 있다. 수술에서 마무리를 잘하려면 우선 상처가 아프지 않도록 부드럽게 싸매주어야 한다. 다음으로 환자가 집에 가서 준수해야 할 사항을 다시 명확하게 확인시켜주어야 한다. ABCD 대화에서 이 2가지 역할을 하는 것이 바로 마지막 Discover 단계이다.

다시 성리성돈의 사례로 돌아가 Discover 단계로 마무리한 대화를 살펴보자.

> 강팀장: 이대리, 짜증내지 않고 내 말을 잘 들어주니 고마워요. 우습게 보이겠지만, 오늘 내가 요청한 사항을 이대리가

다시 한 번 말해주겠어요? [Discover]

이대리: 퇴근 전에 책상 위 서류를 정리하고 컴퓨터를 끄고 서랍을 잠그는 것입니다. 또 외근으로 못 돌아올 때에는 동료에게 부탁하는 것입니다.

팀장: 정확합니다. 이대리 성격이 털털한 건 좋지만 이것만큼은 꼭 지켜주기 바랍니다. 이대리, 오늘 제 말이 섭섭하다거나 실행하기 어려운 요청을 한 것은 아닐까요? [Discover]

이대리: 아닙니다. 차분히 말씀해주셔서 오히려 고맙습니다.

이 대화를 보면 이대리에게 입장을 묻는 질문을 함으로써 2가지 효과가 분명히 나타난다.

첫째, 상대방의 실행력을 크게 높여준다. 지난번 대화에서 "다음부터 시정하겠습니다"라고 한 직원이 또 비슷한 행동을 하면 화가 날 수밖에 없다. ABCD 대화는 부드럽지만, 고함을 지르는 지시형 대화보다 더 확실하게 상대를 변화시킨다. "목요일까지 완성하세요"라는 리더의 지시에 직원이 "알았습니다"라고 하는 것과, "언제까지 가능하겠습니까"라는 질문에 직원이 "목요일까지 완성하겠습니다"라고 직접 말하는 것은 엄청난 차이가 있다.

둘째, 일방적인 대화에서 상대를 존중하는 대화로 분위기를 전환해준다. 여러분이 직원이 된 입장에서 "오늘 제 말이 섭섭하다거나, 실행하기 어려운 요청을 한 것은 아닐까요?"라는 질문을 들으면 어떤 기분이 들겠는가? 나를 한 사람의 인격체로서, 파트너로서 대우해주는 느낌이 들지 않겠는가?

이렇게 Discover 단계로 대화를 마무리하면 상대방은 대개 "저의 실수에 대해 그렇게 말씀해주시니 오히려 감사합니다"와 같은 반응을 보인다. 비록 직원을 나무라는 대화였지만 관계는 나빠지지 않았거나 오히려 앞으로 더 좋아질 것이다. 리더도 기분이 좋아지면서 '까다로운 대화 주제를 생산적으로 잘 마무리하였다'는 생각이 든다. 그리고 조금 전까지 있었던 무거운 분위기는 잊어버린 채 곧바로 일에 전념할 수 있다.

ABCD 대화는
직원이 상사에게 해도 좋다

그동안 우리는 상사가 직원을 나무라는 경우, 비폭력적이고 생산적으로 ABCD 대화를 나누는 방법을 살펴보았다. 직장에서 지위를 이용해 폭력적인 말을 하는 사람은 주로 상사이기 때문이다. 그런데 만약 상사가 직원에게 수시로 상처 주는 말을 한다면 직원은 어떻게 처신해야 할까? 상사의 공격적 언행이 심해져서 더 이상 인내하기가 어려운 수준이면 어떻게 해야 할까? 그래도 계속 참고 인내하는 것은 서로에게 나쁜 결과를 가져온다. 이러한 상황에서는 ABCD 대화로 서로에게 애로사항을 표현하는 것이 좋다. 다음의 경우를 보자.

> A기업의 최상무는 성격이 강하고 급한 편이다. 부장, 팀장 등 중간 간부들의 행동이 미흡하게 보일 때에는 때와 장소를 가리지 않고 호통을 친다. 어제는 총무과에 들러서 박과

장을 크게 질책했다. 박과장은 부하 직원들이 보는 앞에서 혼이 나 참기 어려웠다. 평소 직원들에게 무게감 있는 리더가 되려고 노력하고 있는데, 최상무에게 공개적으로 질책을 당한 후로 과장으로서의 체면이 땅에 떨어진 느낌이다. 과거에도 비슷한 일이 몇 번 있었으나 그때마다 속으로 삭이며 참고 지내왔다. 그런데 또 그런 일을 당하니 이대로는 안 되겠다 싶다.

ABCD 대화법을 모르는 직원은 "상무님, 너무하시는 것 아닙니까? 제가 뭘 그리 잘못했다고 그러십니까?" 하고 대응했을 것이다. 이런 식으로 대응하면 직장생활이 점점 어려워진다는 것은 긴 설명이 필요 없다. 박과장은 반발하고 싶은 감정이었지만, 일단 참았다가 며칠 뒤 ABCD 대화를 시도하였다.

박과장: 상무님, 바쁘지 않으시면 차 한잔 하시겠습니까?
최상무: 아! 무슨 일인가? 자리에 앉게.
박과장: 감사합니다. 사실은 어려운 건의를 드리고자 합니다. 어제 총무과에 들르셨을 때, 저의 보고서에 대해 부족한 부분을 말씀해주셨습니다. [Action]
최상무: 그랬지. 그런데?

박과장: 일처리가 부족할 때 혼나는 게 뭐가 잘못이겠습니까? 그런데 저희 직원들이 보는 사무실에서 혼이 나니까 [Action] 좀 난처했습니다.

최상무: 계속 말해보게.

박과장: 평소 직원들에게 무게감 있는 리더가 되기 위해 애쓰고 있으며, 직원들은 비교적 저를 잘 따라줍니다.

최상무: 그런가?

박과장: 그런데 직원들이 모두 쳐다보고 있는 상황에서 혼이 나니까 체면이 말이 아닙니다. 상사한테 인정받지 못하는 과장이 되는 것 같아 직원들을 통솔하는 데 앞으로 어려움이 많을 것 같습니다. [Bring]

최상무: 듣고 보니 그럴 것도 같구먼. 그래, 말하고자 하는 바가 무엇인가?

박과장: 건의드릴 사항은 간단합니다. 저를 혼내실 일이 있을 때는 따로 불러 일대일로 말씀해주시면 합니다. [Change]

최상무: 별일도 아니구먼, 알았어. 그리하지.

박과장: 상무님, 이해해주시니 감사합니다. 오늘 제가 너무 무례한 말씀을 드린 것은 아닌지 걱정됩니다. [Discover]

최상무: 아니야, 박과장 이야기 듣고 보니 나도 아차 실수했구나 싶네. 그런 것을 속에 꽁꽁 담아두지 않고 허심탄회하

게 말해주니 내가 고맙네. 앞으로도 그래주게.

후배인 박과장의 고충과 건의를 들은 최상무는 박과장을 어떻게 생각할까? 간부로서 최소한의 자세를 갖춘 사람이라면 박과장의 태도를 못마땅하게 생각하지 않을 것이다. 감정이 상했음에도 불구하고 정중한 언어로써 건의하는 박과장을 내공이 있는 사람으로 인식하며 앞으로 더욱 존중해줄 가능성이 높다. 무엇보다 박과장이 자신의 입장을 나-표현법의 원리에 따라 말한 덕분에 최상무는 비난받는 느낌을 별로 받지 않는다.

ABCD 대화를 하면 문제를 생산적으로 해결할 수 있다. 비록 힘이 약한 직원이지만 공격적이지 않은 방법으로 화를 밖으로 내보낼 수 있다. 또한 상사는 자신의 행동이나 사고를 돌아보는 계기가 된다. 그러면 두 사람의 관계는 악화되지 않고 오히려 이전보다 좋아질 수 있다.

반성하는 직원에게는
ABCD 대화를 하지 마라

이제껏 우리는 ABCD 대화법으로 상대의 마음에 상처를 주지 않으면서 문제행동을 개선시키는 원리를 살펴보았다. 그렇다면 이제 이 대화법을 언제 어디서나 사용해도 된다고 할 수 있을까? ABCD 대화를 먼저 하지 않고, 상대가 스스로 변화하기를 기다려주는 것이 더 좋은 경우도 있다. 바로 다음과 같은 경우이다.

첫째, 실수를 하였으나 상대가 이것을 알고 반성하고 있을 때이다. ABCD 대화를 할 것인가 또는 그냥 넘어갈 것인가를 판단할 때에는 일처리 결과만 볼 것이 아니라 실수를 받아들이는 직원의 심리 상태를 감안해야 한다. 이미 직원이 자기의 실수를 통감하며, 상사와 동료들에게 미안하게 생각하고 있다면 질책해서는 안 된다. 이런 직원을 질책하는 것은 권투경기에서 상대 선수에게 강펀치를 맞아 비틀거리는 선수에게 코치가 링 밖에서 한 대 더 때리는 것과 같다. 이런 상황에서는 알아도 모른 척하고 기다려주는 것이 좋다. 직원 스스로 개선해야 할 점을 알고 노력하기 때문이다.

둘째, 실수의 내용과 개선방안이 누구나 알 수 있을 정도로 간단명료할 때에도 ABCD 대화를 하지 않는 것이 좋다. 예컨대 보고서에 오타가 있는 경우를 생각해보자. 무엇이 문제이며 어떻게 개선해야 할지에 대하여는 긴 설명이 필요 없다. 이런 경우에는 "앞으로 나에게 문서 보고를 할 때에는 두 번 이상 퇴고하여 오타가 없도록 해주세요" 하고 간단히 요청하면 된다. 너무나 간단명료한 사항에 대하여 Action, Bring 등의 단계를 밟아가며 장황하게 설명하면 상대가 짜증나지 않겠는가? 요청사항만 짧게 말하는 것이 장황하게 '교육'하는 것보다 더 나은 경우도 있다.

실수를 꾸짖어야 할 때가 있는 반면,
모른 체 넘어가는 것이 더 좋을 때도 있다.
결과만 보지 말고 실수를 받아들이는 직원의 심리 상태를 보자.
실수를 반성하고 있다면 ABCD 대화를 하지 않는 것이 좋다.

실전 ABCD 대화
성공 사례

이제 그동안 학습한 사항을 되새겨보며 ABCD 대화의 성공 사례를 따라가보자. 아래 소개하는 사례는 필자에게서 대화법을 훈련받은 박팀장이 직원인 이대리와 ABCD 대화로 문제를 해결해 나가는 과정이다.

이대리는 출근이 늦어서 업무 시작 10분 전에야 허겁지겁 사무실에 들어온다. 다른 직원들은 대부분 30분 전에 출근하여 아침체조도 함께하지만 이대리는 거의 참여하지 못한다. 하지만 퇴근 시간은 정확히 지켜 6시만 되면 곧장 퇴근한다. 최근에는 업무가 많아 다른 직원들은 야근을 하는데 이대리 때문에 팀원들의 불만이 증가하고 있다. 뿐만 아니라 이대리는 근무 시간 중에도 개인적인 통화가 많고 자리를 비우는 일도 잦다. 박팀장은 이대리에게 두어 차례 가볍게 지적을 했지만 고쳐지지 않는다. 팀장의 요청이 무시되는 것 같기도 하고, 직원들의 근무 분위기도 나빠지고 있다. 오늘은 ABCD 대화로 해결책을 찾아봐야겠다.

직원을 나무라기 위하여 마주 앉으면 자칫 감정적이 되어 말실수를 하거나 말해야 할 사항을 빠뜨리는 경우가 생긴다. 따라서 박팀장은 이대리를 면담하기 전에 다음 3가지를 메모해놓고 머릿속에 정리해두었다.

첫째, 관찰 가능한 행동이나 사실이 무엇인가? [Action]
둘째, 팀장에게 초래되는 애로사항은 무엇인가? [Bring]
셋째, 이대리에게 어떤 변화를 요청할 것인가? [Change]

또한 침착한 대화를 나눌 수 있도록 시간과 장소 선정에 신경을 썼다. 업무가 바쁜 시간을 피하고 점심 식사 후 1시 30분에 조용한 휴게실에서 일대일로 만났다. 따뜻한 커피도 미리 준비해두었다.

박팀장: 이대리, 어서 와요. 점심 식사 맛있게 했어요? 커피 준비했는데 한잔하세요.
이대리: 감사합니다. 그런데 무슨 하실 말씀이라도 있나요?
박팀장: 예! 간단히 서로 의견을 모을 일이 있어서요. 다름

아니라 요즘 우리 팀에 일이 많아서 다들 야근을 하고 있는 건 알지요?

이대리: 예, 잘 알고 있습니다……

박팀장: 무슨 사정이 있을 것도 같은데, 먼저 내가 본 상황을 한번 말해볼게요. 최근에 팀원들은 A프로젝트 때문에 저녁 8시까지 함께 일하는데, 이대리는 6시 조금 넘으면 혼자 퇴근을 합니다. [Action]

이대리: 죄송합니다. 하지만 6시가 퇴근 시간 아닌가요?

박팀장: (침착하게) 그 말도 틀린 말은 아니지요. 우선 내 말을 마저 해볼게요. 아침에도 다들 8시 30분까지는 출근해 체조를 함께하는데 이대리는 보통 9시에 출근하니 참여하지 못하고 있습니다. [Action]

이대리: 그 점도 죄송하긴 합니다만, 정식 출근 시간은 9시 아닙니까?

박팀장: 그 말도 맞긴 하지만, 만약 우리 모두가 이대리의 말처럼 출퇴근한다면 일은 어떻게 되겠습니까?

이대리: ……

박팀장: A프로젝트의 일정을 맞추려면 팀원 모두의 협업이 필요하다는 사실을 이대리도 알 겁니다. 그런데 이대리가 동참하지 못하니 그만큼 시간이 지연됩니다. [Bring 1] 어제

저녁에는 식사 중에 '이대리는 예외고 우리만 봉이냐?'는 불평의 소리가 나왔습니다. [Bring 2]

이대리: 죄송합니다.

박팀장: 아침 시간에도 8시 반에 모여서 함께 아침체조를 하고 공유사항 전달을 마치고 싶은데, 그러지를 못해서 팀장으로서 아쉽습니다. [Bring 3]

이대리: 죄송합니다……

박팀장: 이대리에게도 무슨 사정이 있을 것 같은데, 말해주겠어요?

이대리: 실은 저희가 맞벌이 부부입니다. 다섯 살 아이가 있는데, 유치원에 아이를 데려다주고 출근하며, 퇴근할 때도 6시 반까지 아이를 데리러 가야 합니다.

박팀장: 아! 그런 사정이 있었군요? 왜 그런 이야기를 저나 직원들에게 말하지 않았어요?

이대리: 사생활을 구구절절 말하고 싶지 않았습니다.

박팀장: 그러면 출퇴근 문제를 개선할 방안이 있을까요?

이대리: 1년 후에는 친정 엄마와 함께 살 수 있어 해결됩니다만, 그때까지는……

박팀장: 앞으로 1년간은 출퇴근 시간을 조정할 수 있는 방안이 없군요. 그러면 이대리의 사정을 직원들에게 말해주면

좋지 않겠어요? [Change] 그러면 직원들의 불평이 줄어들어 팀장으로서 어려움이 좀 적어지겠어요.

이대리: 오늘 점심 식사를 제가 사면서 그 이야기를 해보겠습니다.

박팀장: 좋아요. 그리고 최근에 근무 시간에 자리를 비우고 다른 사람에게 일을 미룬다는 말이 들리는데 [Action] 어떤 사정이 있습니까?

이대리: 아이가 몸이 아파 병원을 다니는데 유치원 쪽과 통화해 해결하느라 그랬습니다.

박팀장: 아이가 아프면 가봐야지요. 그럴 때도 직원들에게 솔직히 말하고 양해를 구하면 도와주지 않겠어요? [Change]

이대리: 그렇게 하겠습니다.

박팀장: 직원들의 이해와 협조를 얻으려면 이대리도 근무 시간 중에 다른 사람 일을 도와주려는 모습을 보여야 할 겁니다. [Change] 그러면 직원들이 이대리의 사정을 좀더 이해하지 않겠어요?

이대리: 그렇게 하겠습니다.

박팀장: 이대리가 근무 시간 중에는 열심히 일하더라는 평이 직원들의 입으로 전해져 내 귀에도 들렸으면 합니다. [Change]

이대리: 잘 알겠습니다.

박팀장: 요청사항을 한번 정리해주겠어요? [Discover]

이대리: 예, 오늘이라도 팀원들과 점심 식사를 하면서 저의 사정을 이야기하겠습니다. 그리고 일과 중에 아이 문제로 자리를 비울 때에도 먼저 양해를 구하겠습니다. 또한 근무 시간에는 다른 사람보다 집중하여 일하겠습니다. [Discover]

박팀장: 고마워요. 오늘 저의 요청 중에 너무 무리한 점이라든가 섭섭한 점은 없었습니까? [Discover]

이대리: 전혀 아닙니다. 저도 마음이 개운해졌습니다. 직원들끼리 대화가 끝나면 다음 주에 팀 회식 한번 하시지요.

박팀장: 좋지요. 즐겁게 파이팅합시다.

대화법을 모르는 상사라면 "9시가 출근 시간이며, 6시가 퇴근 시간이 아니냐"고 항변하는 이대리에게 "당신, 그렇게 계속 나올 거야?"라고 감정적으로 반응하며 대화를 망칠 가능성이 많다. 하지만 ABCD 대화로 진행된 이 사례에서는 계속 관찰 가능한 행동이나 사실만을 말하고 상사로서 겪는 애로사항을 말함으로써 이대리의 태도가 순응적으로 바뀌고 있다. 또한 요청사항을 구체적으로 제안하였으며, 끝으로 상대의 의견을 묻는 질문을 하여 실행할 사항을 상대의 입으로 말하게 하고 있다. 나아가 상대에게 말할 기회를 주어 상대를 존중하는 밝은 분위기로 대화가 끝나고 있다. 이렇게 진행되었기에 화내는 질책이 되지 않고 성공적인 계도의 대화가 되었다.

   리더가 조직을 통솔하며 가장 힘든 부분이 부족한 직원을 이끌어가는 것이다. ABCD 대화는 부족한 직원에게도 상처를 주지 않으면서 문제점을 개선시키는 매우 효과적인 대화법이다.

POINT CHECK

1. ABCD 대화는 상대를 존중하며 확실한 변화를 만든다.
- **A**ction: 상대의 문제점을 행동이나 사실 중심으로 짚어준다.
- **B**ring: 상대의 문제행동이 초래한 애로사항을 '나-표현법'으로 설명한다.
- **C**hange: 문제 해결에 필요한 변화를 요청한다.
- **D**iscover: 상대방의 입장을 물어 실행력을 높여준다.

2. ABCD 대화는 신중하게 사용해야 할 경우가 있다.
- 실수의 개선방안이 간단명료할 때는 요청사항만 짧게 말하는 것이 좋다.
- 잘못을 반성하는 직원에게는 ABCD 대화를 하지 말고 기다려주어야 한다.

3. ABCD 대화에서 말실수를 하지 않기 위해 다음 3가지를 미리 정리해보자.
- Action: 문제가 되는 행동이나 사실이 어떤 것인가?
- Bring: 리더에게 초래되는 애로사항은 무엇인가?
- Change: 직원에게 어떤 변화를 요청할 것인가?

STEP 5

정답 없는 주제는 POAH_S 대화로

> 상관은 잘못을 꾸짖기만 하고,
> 리더는 잘못을 고쳐준다.
> _미공군사관학교

STEP 5

리더도 답을
모를 때가 많다

ABCD 대화는 상대가 어떤 잘못을 했을 때에, 그것을 해결할 수 있는 정답이 존재하는 경우 사용하는 대화법이다. 예컨대 정리정돈을 하지 않거나 지각, 결근 등으로 조직에 피해를 주는 경우, 일처리 마감 기간의 지연 등은 해결방안이 있는 주제들이다. 직원의 행동이 어떤 부작용을 초래하는지, 그리고 어떻게 하면 문제점이 해결되는지에 대하여 서로가 상식선에서 동의할 수 있는 방안이 존재한다.

그런데 회사생활을 하다보면 ABCD 대화를 하는 것이 불가능하거나 효과적이지 않은 주제들이 많다. 문제의 해결방안에 대한 의견이 사람마다 다르거나 가치관이 반영되어 있는 이슈들이 여기에 해당한다. 한마디로 정답이 없는 주제라고 할 수 있다.

직원의 일처리 방법이나 우선순위가 상사의 마음에 들지 않는 경우에 과연 누구의 생각이 정답이라고 할 수 있을까? 상사가 옳을 수도 있고, 직원이 옳을 수도 있다. 분명한 것은 정답이 없다는 것이다. 그러므로 바람직한 해결방법은 대화를 통하여 서로의 접점을 찾아가는 것이다. 정답이 애매한 이러한 주제에 대하여 상사와 직원의 견해차를 좁히면서 갈등을 해결할 수 있는 대화방법이 존재한다. 바로 POAH_S 대화이다.

직원이 직장생활에 비전이 보이지 않아 열정이 떨어지고, 사표를 낼지 또는 계속 다녀야 할지 고민하는 경우를 살펴보자. 리더가 관심을 가지고 개선점을 찾아주어야 하지만 무엇이 정답인지 리더도 알 수가 없다. 이러한 주제에 대하여 만약 ABCD 대화를 나눈다면 어떻게 될까? 다음과 같이 우스꽝스러운 내용이 되고 만다.

> 김대리, 요즘 열정이 부족하여 성과가 떨어지고 있습니다. [Action] 성과가 떨어지면 본인은 물론 팀장인 나도 곤란하게 되지요. [Bring] 그러니 앞으로는 열정적으로 일해주기 바랍니다. [Change] 그럴 수 있겠습니까? [Discover]

직원이 '열정이 부족하다'는 문제는 '출퇴근 시간을 지키지 않는다' '보고서에 오타가 많다' 등의 문제와는 특성이 전혀 다르다. 상사의 요청은 해결방안이 되지 못하며 피상적인 내용에 그치고 만다. 열정 부족이나 정신 자세의 문제 등과 같은 주제는 상대 직원에게 어떤 배경이 있는지, 또는 상대방이 생각하는 개선방안이나 의견이 무엇인지 등을 깊이 있게 이해하지 않고서는 실행 의욕을 불러일으킬 수 없다. 상대방의 가슴속에 깊은 불만이 있거나 표출하고 싶은 입장이 있을 때에 이것을 먼저 해결하지 않고 변화를 요청하는 것은 감정을 더 악화시킬 뿐이다. 따라서 내면의 갈등이 있거나 정답이 없는 주제를 다룰 때는 POAH_S 대화를 해야 한다.

POAH_S 대화의 원리

POAH_S 대화는 다음의 5단계로 이루어진다. 각각의 단계를 깊이 들여다보기 전에 먼저 간단히 POAH_S 대화의 원리를 살펴보자.

POAH_S 대화의 5단계
Problem: 문제점을 공유한다.
Options: 개선방안을 의논한다.
Action: 실행사항을 확인한다.
Hope: 희망과 긍정의 말로 마무리한다.
_Sustain: 평소에 칭찬하고 계도한다.

Problem. 문제점을 공유한다

상대방의 행동이 초래하는 문제점에 대하여 상사와 직원이 인식을 '공유'하는 단계이다. 직원의 행동에 문제가 있다고 느끼는 상사의 생각을 일방적으로 확정해 말하지 말고, 직원도 상사의 생각에 공감할 수 있도록 이해시키는 것이 핵심이다.

> 고부장: 이과장, 1/4분기 업무실적이 지난해보다 크게 떨어졌는데 어떤 문제가 있나요?
> 이과장: 지난 2년간 승진을 기대하며 열심히 했는데, 다른 사람에게 밀리니 일이 손에 잡히지 않습니다.
> 고부장: 그런 고민을 했군요. 그런데 이과장의 행동이 지금처럼 지속되면 어떤 결과가 있을까요? 또한 승진이 되지 않았음에도 불구하고 열심히 일하는 모습을 보이면 사장님은 이 과장을 어떻게 볼까요?
> 이과장: 말씀을 듣고 보니 지금이 중요한 시점이라는 생각이 듭니다. 심기일전해야 할 것 같습니다.

Options. 개선방안을 의논한다

1단계에서 공유한 문제 상황을 개선하려면 어떻게 해야 할지 서로의 아이디어를 모으는 단계이다.

> 고부장: 현재 상황에 대한 문제점을 이해해주니 다행입니다. 그러면 앞으로 이 문제를 어떻게 풀어가면 좋을지, 생각

을 듣고 싶습니다.

이과장: 우선 2~3일 휴가를 내어 마음을 다잡겠습니다. 그리고 출근하면 지난해 말에 중단되었던 프로젝트를 다시 챙기고, 2/4분기부터 XX, YY 방안 등을 추진하겠습니다.

고부장: 이과장의 고충을 해소하기 위한 또 다른 방안은 없을까요?

이과장: 부장님이 사장님께 제 입장을 간접적으로 알려주시면 좋겠습니다.

고부장: 알겠습니다. 이과장의 실적 만회를 지켜보면서 응원하겠습니다.

Action. 실행사항을 확인한다

2단계에서 도출된 여러 가지 개선방안들 중에서 어떤 방안을 언제, 어떻게 추진할 것인지 실행 계획을 구체화하는 단계이다.

고부장: 그럼 이과장이 실적 증대를 위해 가장 먼저 실행해야 할 사항은 무엇이며, 언제 착수할 생각입니까?

이과장: 지난해 말에 중단되었던 프로젝트는 내주에 바로 시작하고, YY 방안을 5월 중에 마무리하겠습니다. 그리고 추진 결과를 5월 말에 보고드리겠습니다.

Hope. 희망과 긍정의 말로 마무리한다

직원의 생각을 바로잡으려는 상사의 말은 대화 중에 직원을 위축시키는 경우가 많다. 이를 해소하는 수단으로 마무리 대화를 긍정의 톤으로 끝내는 것이 효과적이다.

> 고부장: 좋아요. 계획한 사항을 사명감을 가지고 추진해주기 바랍니다.
> 이과장: 알겠습니다.
> 고부장: 나는 이과장의 프로젝트가 성공하기를 진정으로 기대합니다. 앞으로 내가 도와줄 일이 있으면 계속 상의하도록 합시다.

_Sustain. 평소에 격려하고 계도한다

사람의 감정이나 성격, 태도는 한두 번 대화했다고 쉽게 변하지 않는다. 특히 직원의 생각이 완고할수록 변화는 어렵고 실행 기간이 오래 걸린다. 상대를 발전적으로 변화시키려면 한순간의 대화 못지않게 중요한 것이 바로 대화 후의 후속 조치이다. POAH_S 대화의 마지막 단계는 대화가 종료된 후 평소에도 직원을 칭찬하고 계도하는 것이다. POAH와 S 사이에 아랫줄(_)을 두었는데, 이는 수개월 또는 수년에 이르는 실행 과정에서 격려와 계도를 지속하라는 의미이다. 나아가 이 과정에서 상사는 직원의 잠재력과 인격을 존중하는 마음이 필요하기에, 아래에서 위로 직원을 섬긴다는 뜻에서 아랫줄을 넣어 _S와 같이 표시했다.

이로써 간단히 POAH_S 대화의 기본 프로세스를 이해하였다. 대강의 흐름을 소개하는 차원이었기에 내용이 간단하며 서로의 입장이 순조롭게 조정되는 듯 보인다. 하지만 POAH_S 대화가 필요한 실제 상황에서는 대화가 이처럼 순조롭지 않은 경우가 더 많다. 그러나 아무리 고집이 센 직원이라도 다음에서 소개하는 POAH_S 대화의 세부 기법을 사용하면 리더가 목소리를 높이지 않고 실행 계획까지 구체화해 도출할 수 있다. 지금부터 POAH_S 대화의 각 단계에서 필요한 기법을 자세히 살펴보기로 하자.

PROBLEM.
문제점을 공유한다

POAH_S 대화의 1단계는 '문제점을 공유한다'이다. 상대방의 행동이 왜 문제가 되는지 상사와 직원이 서로 인식을 같이하는 단계를 말한다. 지시형 리더라면 자신의 생각대로 직원에게 '이렇게 고치라'고 명령할 것이다. 그러나 진정한 변화를 이루려면 상대의 내면에 자리 잡은 생각이 자발적으로 바뀌는 것이 관건이다.

이런 관점에서, 문제점을 공유하는 것이 POAH_S 대화의 50퍼센트를 차지한다고 말하기도 한다. 더 정확하게 말한다면 1단계의 '문제점 공유'에 실패하면 2단계 이후의 대화는 아무런 소용이 없다. 따라서 실제 대화에서도 1단계인 '문제점 공유'에 가장 많은 시간이 소요된다. 문제점 공유가 되지 않은 상태에서 리더의 관점만으로 '문제가 있다'고 직원을 다그치면 직원은 코웃음이나 치고 만다.

앞에서 살펴본 대화 사례를 생각해보자. 열심히 일했으나 승진에서 누락되어 실망하고 일할 의욕을 잃은 것이 문제이다. 어쩌면 직장인으로서 자연스러운 현상일 수 있다. 그러나 분명한 것은 현재의 상황이 그대로 방치되어서는 안 된다는 점이며, 상사와 직원 간에 그 점이 공유되어야 한다.

리더의 생각을 관철하는 것은 '공유'가 아니다

코치형 대화가 탁월한 리더 혹은 겸손한 리더들의 대화방법이라고 일컬어지는 데에는 그럴 만한 이유가 있다. 리더가 '내 생각이 틀릴 수도 있다'는 열린 마음을 가지고 직원들의 의견을 경청하기 때문이다.

문제점을 '지적'하거나 '설명'하는 게 아니라 '공유'하라는 슬로건에는 깊은 뜻이 담겨 있다. 즉, 리더의 관점을 강요해서는 안 된다는 말이다. 리더의 관점을 직원에게 그대로 관철시키는 것은 지시적이고 권위적인 리더의 행동이다. 허심탄회한 대화로써 직원의 마음을 열고 '혹시 내가 잘못 알고 있을 수도 있다'는 열린 마음으로 시작해야 한다. 처음부터 문제에 초점을 맞추고 사냥꾼처럼 직원을 공격하고 몰아붙이면 직원은 겉으로 침묵하고

들을지언정 진심으로 공감하지 않는다.

정답이 없는 주제에 대하여 상사와 직원이 '문제점 공유'의 대화를 마치고 나면 결론은 다음 3가지 중 1가지로 귀결된다.

첫째, 리더의 관점이 옳다고 결론 맺는 경우이다. 리더가 경험이나 능력, 조직 내에서의 파워가 풍부하므로 상사의 관점대로 진행되는 경우가 가장 많다.

둘째, 직원의 시각이 정당화될 수도 있다. 리더가 직원의 입장을 열린 마음으로 경청하면 리더가 미처 몰랐던 내용을 알게 되거나 직원의 행동에 문제가 없다고 판가름 날 수도 있다. 이때에는 더 이상 대화를 할 필요가 없다. 간단히 "내가 오해를 하고 있었다"고 사과하고 대화를 끝내면 된다.

셋째, 새로운 관점이 발견되는 경우이다. 리더와 직원이 서로의 관점을 교환하다보면 두 사람의 생각이 조금씩 수정되어 제3의 관점이 나올 수도 있다. 예컨대 리더와 직원의 생각에서 각자 부분적으로 타당했던 부분이 합쳐져 수정되거나, 전혀 새로운 관점이 발견될 수도 있다.

직원의 생각에 문제가 있다는 것을 이해시킬 때의 관건은, 그 생각이나 행동이 계속될 때 초래되는 나쁜 영향을 인식시키는 것이다. 이것은 앞에서 보았던 ABCD 대화에서 리더에게 초래된 애로사항을 말해주는 것과 동일한 원리이다.

직원의 못마땅한 행동이 점점 심해지면 보통의 리더들은 더 이상 참지 못하고 "당신, 정신이 있어? 없어?" 하는 식으로 화를 낸다. 그렇게만 말해도 상대방이 당연히 문제점을 알아차릴 것이라고 생각하기 때문이다. 하지만 직원들은 리더가 고함치는 이유를 알지 못하거나 알아도 부분만 알고 있는 경우가 대부분이다. 다음은 K기업의 정부장이 실제로 경험한 일이다.

　연수원 총무과에 근무하는 박대리는 독실한 크리스천으로 기회가 있을 때마다 기독교 전도를 하는 것을 보람으로 생각한다. 연수생들이 쉬는 시간이면 박대리는 강의장 안으로 들어가 전도지를 수시로 책상 위에 배포했다. 정부장 자신도 기독교인이지만 강의장 안에서까지 전도지를 배포하는 것은 문제가 있다고 판단되어 박대리를 면담했다.

정부장: 강의장에 전도지를 돌리면 곤란하니 중단하세요.
박대리: 쉬는 시간에 전도지를 돌리는 것이 왜 문제지요?
정부장: 아니, 그걸 말이라고 합니까? 당신이 직장에서 할 일이 전도입니까?
박대리: (더욱 발끈하며) 제가 할 일을 못하는 것은 또 무엇입니까?

정부장: 도저히 말이 통하지 않는 사람이군……

"강의장에 전도지를 돌리면 곤란하니 중단하세요"라고 말하기만 하면, 직원이 순순히 "알겠습니다. 앞으로 시정하겠습니다"라고 대답할 것이라 가정하고 시작한 대화이다. 그러나 박대리는 자신의 행동에 문제가 있다는 데에 전혀 동의하지 않는다. 반면 정부장은 그렇게 주장하는 박대리의 사고방식을 이해할 수 없다.

이런 경우에는 나-표현법을 기본으로 상대의 행동이 초래하는 애로사항을 자세히 나열해주어야 한다. 리더 자신은 물론 동료, 조직, 고객 등 모든 이해 관계자들에게 미치는 영향을 설명해줄수록 좋다.

"박대리, 강의장에 전도지를 돌리는 것은 연수원 본연의 역할에 배치되는 활동입니다. 강의장에 수시로 전도지를 배포하면 교육생들은 도대체 여기가 무엇하는 곳인지 혼란스러워할 수 있습니다. 또 연수원 관리방식을 의아하게 생각하거나 관리자들이 제대로 역할을 하고 있지 않다고 느낄 수도 있지요. 박대리가 틈날 때마다 전도활동을 하니, 직속 상사인 나도 박대리가 본연의 일은 제대로 하고 있나 자주 의문이 듭니다."

이렇게 다양한 이해 관계자의 시각에서 문제점을 설명해주는 것이 POAH_S 대화의 1단계이다. 그러면 상대방은 흔히 "거기까지는 미처 생각하지 못했습니다. 부장님 말씀을 듣고 보니 저의 행동에 문제가 있었다는 생각이 듭니다"라며 수긍하게 된다. POAH_S 대화의 1단계인 문제점 공유에 성공한 것이다.

문제가 사실인지
먼저 확인하라

직장에서 '문제직원' 또는 '문제행동'이라는 이름표는 누가 붙이는가? 소문이나 평판과 같이 직원들 사이에서 자연스럽게 붙여지는 경우도 있다. 그런데 실제로 '문제직원'이라는 딱지는 상사가 붙이는 경우가 더 많다. 직원의 근무 형태가 상사의 기대에 어긋날 때에, 상사의 눈에 그 직원이 문제직원으로 보이는 것이다. 다시 말해 문제점 인식은 상사에게서 출발한다.

리더가 '생각하기에' 문제로 보이지만, 객관적 진실은 그렇지 않을 수 있다. 예컨대 직원이 고객과 다투어 관계가 악화된 경우를 리더가 전해 들었다고 치자. 리더는 그 직원의 행동이 문제라고 생각하기 쉽다. 그러나 진실을 알고 보면 직원의 행동에는 그럴 만한 이유가 충분히 있을 수 있다. 예컨대 어떤 고객이 도저히 받아들일 수 없는 요구를 했을 수도 있다. 이러한 상황을 리더가 정확히 알지 못하고 POAH_S 대화의 '문제점 공유'에 착수한다면 상대 직원의 반발을 살 수밖에 없다. 이러한 실수를 방지하려면 다른 사람의 입으로 전해 듣거나 막연한 추측 등과 같이 확인되지 않은 사항을 반드시 먼저 확인해야 한다.

고부장: 김대리, 어제 고객과 다투어 관계가 나빠졌다는 이야기를 들었는데 어떤 내용인가요?

김대리: 아! 별일 아닙니다.

고부장: 고객의 불만은 우리가 신경을 써야 할 사항입니다. 어떤 내용이었는지 자세히 설명해주면 좋겠습니다.

김대리: 실은…… (내용을 설명한다.)

고부장: 김대리 설명을 듣고 보니, 고객의 요구가 특수하여 불만을 해소하기가 어려웠겠다는 생각이 듭니다.

김대리: 제 입장을 들어주시니 감사합니다. 앞으로 고객 만족에 더욱 정성을 기울이겠습니다.

고부장: 내가 하고 싶은 말까지 해주니 고마워요. 계속 수고해주세요.

'문제'라고 짐작하고 있었던 일처리가 사실은 직원의 잘못이 아닌 것으로 드러난 경우이다. 이와 같이 대화를 시작하는 초기에 리더의 사전 정보가 정확한지 반드시 확인해보는 것이 필요하다. 이와 비슷한 다른 경우를 살펴보자.

상무가 팀장에게 '다른 팀원들은 팀 프로젝트 때문에 바빠서 계속 야근을 하는데도 박대리는 퇴근 시간이 되자마자 혼자 퇴근해버려 팀워크를 해친다'는 문제점을 보고받았다. 박대리의 행동을 매일 관찰하지 못하는 상무는 문제점을 팀장에게 간접적으로 들은 수준이다. 이때 사실을 제대로 확인하지 않고 질책성 대화를 시작하기 전에, 사실과 행동 중심의 용어만 사용하여 질문을 해보아야 한다.

"박대리, 요즈음 팀 프로젝트가 급해 팀원들이 함께 야근을 하는 날이 많다는데, 박대리만 계속 6시에 퇴근한다고 들었습니다. 그런가요?" 이렇게 질문을 했을 경우 직원의 사정은 대략 3가지 중 하나에 포함된다. 첫째, 소문이 사실이 아닌 경우, 둘째, 소문이 사실인데 이해할 만한 사정이 있는 경우, 셋째, 소문이 사실이며 이해할 만한 사정이 없는 경우이다. 이 중에서 본격적으로 POAH_S 대화를 해야 하는 경우는 세 번째인 '소문이 사실이며 이해할 만한 사정이 없는 경우'이다. 6시만 되면 혼자 퇴근하는 것이 사실인지를 확인하는 질문에 대하여 직원이 다음과 같은 대답을 하는 경우를 생각해보자.

> 박대리: 상무님, 사실은 어머니가 중환자실에 입원을 하셨는데, 간병인이 없어 요즈음 제가 급하게 퇴근을 하고 있습니다.
> 유상무: 그런 사정을 왜 동료들에게 설명하지 않았어요?
> 박대리: 동료들은 힘들게 일하는데 미안한 마음에 입이 떨어지지 않았습니다.

직원으로부터 이러한 대답을 들으면 상사는 직원의 행동을 문제 삼을 것이 아니라 반대로 따뜻한 격려의 말을 해주어야 할 것이다. 이와 같이 직원의 문제행동이 '사실이 아닌 경우'와 '사실이나 그럴 만한 사정이 있는 경우'에는 POAH_S 대화는 진행할 필요가 없다.

침착한 대화 환경을 만들어라

조직 질서를 해치는 등 문제가 심각한 직원일수록 자신의 행동이 문제라는 인식에 동의하지 않는다. 이때 리더가 서투르게 문제점을 지적하면 직원은 정면으로 반박하거나 감정적이 되어 심지어 자리를 박차고 일어날 수도 있다. 이러한 상황이 발생하지 않도록 하는 데 무엇보다 중요한 것이 침착한 대화가 이루어질 수 있는 환경을 조성하는 것이다.

이것은 너무나 당연한 요청이지만 현실에서는 의외로 잘 지켜지지 않고 있다. 예컨대 리더가 업무실적을 보고받는 경우, 성과가 나쁜 직원의 태도가 거슬리면 순간적으로 화를 내는 경우가 다반사이다. 침착한 대화의 원리를 가장 쉽게 무너뜨리는 주인공은 리더 자신인 것이다. 문제 해결을 위해서는 서로 성숙한 파트너 관계에서 리더가 직원에게 솔직하게 자신의 의견을 말할 수 있게 하는 것이 중요하다.

리더는 '화를 내지 말고 차분하게 대화를 해야지' 하는 다짐을 확고히 해야 한다. 사람은 감정의 동물이기 때문에 대화 도중에 직원의 반응 여하에 따라 리더 자신도 감정을 통제하지 못할 수 있다. 리더가 언성을 높이면 생산적인 대화가 되지 못하고 POAH_S 대화는 실패하고 만다.

따라서 침착한 대화를 위한 제1수칙은 "리더가 화가 났을 때에는 직원과 대화를 하지 않는 것"이다. 당장 나무라야 할 사항이 아니라면 화가 난 순간에는 대화를 하기보다 심호흡이나 명상 등으로 자기 통제에 노력해야 한다.

　침착한 대화 환경을 조성하는 데 또 하나의 고려사항은 서로가 분주하지 않은 시간을 선택하는 것이다. 리더가 시간 여유가 있다고 하여 일방적으로 직원을 호출해서는 안 된다. 직원이 업무가 바빠서 정신이 없을 때에 리더의 호출을 받으면 대화에 집중하기가 어렵다. 직원의 업무 상황을 물어보고 서로 침착하게 대화에 임할 수 있는 여유 있는 시간대를 선택하여야 한다.

　리더와 직원 모두가 여유 있는 시간대를 선정하려면 다음과 같이 하면 좋다. 먼저 리더가 여유 있는 시간대를 2~3가지 정도 선택한 다음, 직원에게 선택한 시간대를 알려준다. 그중에서 직원에게도 좋은 시간대를 선정하도록 위임한다. 이때 대화 시간이 얼마나 소요될 것인지를 알려주는 것도 필요하다. 이렇게 하면 두 사람 모두 급한 업무 시간을 피할 수 있어 비교적 평안한 마음으로 대화에 임할 수 있다. 아울러 리더가 일방적으로 시간을 정하기보다 직원에게 시간 선택권을 주었기 때문에 그 자체로 우호적인 인상을 줄 수 있다.

　고부장: 김대리, 프로젝트 진행과 관련하여 대화를 좀 나누고 싶은데 언제가 좋겠어요? 나는 오늘 오후 2시나 5시쯤, 아니면 내일 오후 2시에 시간 여유가 있어요. 대화 시간은

30분 정도면 될 것 같으니 김대리가 편한 시간을 말해봐요.
김대리: 그러시면 오늘은 급한 일이 밀려 있으니, 내일 오후 2시에 찾아뵙겠습니다.

만약 리더와 직원 두 사람 모두 아무 때나 좋다고 한다면, 대화를 하는 데 적합한 시간은 언제쯤일까? 눈치 있는 직장인들이라면 상사에게 결재를 받기가 가장 좋은 시간대가 오후 1시에서 2시 사이라는 것을 직감으로 알고 있다. 같은 이유로 점심 식사 후 30분에서 1시간 정도가 대화하기 가장 무난한 시간대이다.

사람은 생리상 빈속이 되면 혈당 수치가 낮아져 긴장이 되고 화를 내기 쉽다. 반대로 식후에는 포만감이 들고 혈당 수치가 높아져 기분이 이완된다. 이때가 어떤 대화를 하여도 감정이 자극되지 않으며 침착한 대화를 하기 좋은 시간대이다.

침착한 대화 환경을 마련하려면 장소 선정에도 신경을 써야 한다. POAH_S 대화는 간단한 업무 실수에 대한 피드백이 아니라 좀더 심각한 주제를 다루는 중요한 대화이다. 보통 30분에서 1시간 정도의 시간이 걸린다. 이 시간에는 다른 사람의 방해를 받지 않으며 조용하게 일대일로 대화할 수 있는 장소를 골라야 한다.

흔히 회의실이나 리더의 사무실로 직원을 호출하는 경우가 많지만 이는 바람직하지 않다. 우선 분위기가 딱딱해지며, 특히 상사의 사무실인 경우에는 직원이 심리적으로 위축된다. 또 다른 사람들의 출입이나 전화벨 등으로 방해를 받을 수 있다.

  깊이 있는 대화를 위해서는 리더의 사무실이나 회의실보다 가급적 제3의 장소가 좋다. 회사 내의 조용한 휴게실도 리더의 사무실보다는 편안하고 방해받지 않는 대화를 나누기에 좋다. 반드시 회사 내부가 아니어도 무방하다. 점심 식사 후 조용히 산책을 하면서도 깊이 있는 대화가 가능하다. 그러면 리더가 권위적으로 보이지 않으며 직원을 배려하는 마음이 전달된다.

역할 변경과 시간 확장으로 설명하라

역할 변경 기법은 직원에게 다른 사람의 입장에서 자신의 행동을 생각해보도록 요청하는 기법이다. 예컨대 팀워크가 중요한 부서에 근무하는 직원이 오후 6시가 되면 혼자 퇴근해버리는 경우를 생각해보자. 남아서 늦게까지 일하는 다른 직원들의 분위기까지 해치는 상황이다. 이런 경우에 리더와 직원 사이에 오가는 보통의 대화는 다음과 같다.

고부장: 6시에 혼자 퇴근해버리면 어떻게 해요?
박대리: 부장님, 퇴근 시간이 6시 아닌가요? 그리고 자기 일 끝나면 퇴근해도 되는 것 아닌가요?
고부장: 직장이 당신 혼자만 근무하는 곳이요?
박대리: 제가 무얼 그리 잘못했다고 그렇게 나무라십니까?

젊은 직원일수록 박대리처럼 생각하는 경향이 있다. 자신의 의무는 충실히 이행하되, 그 이상의 행동을 요구할 때에는 당당하게 반박하는 세대들이다. 그러한 주장이 틀렸다고 말할 수도 없는 것이 사실이다.

직원이 이렇게 항변하면 리더는 어떤 논리로 반박해야 할까? 리더가 대화방법을 달리하면 대화의 흐름을 생산적인 방향으로 전환할 수 있다. 박대리가 "자기 일 끝나면 퇴근해도 되는 것 아닌가요?"라고 반박할 때 역할 변경 기법을 사용해보자.

"일이 바쁜데 혼자만 먼저 퇴근하는 박대리를 보고 팀원들은 어떤 생각을 할까요?"
"박대리가 팀장이라면 현재 박대리의 행동을 어떻게 느낄까요?"
"팀원 모두가 박대리처럼 행동하면 어떤 결과가 나올까요?"

역할 변경 기법으로 설득을 하면 직원은 대부분의 경우 반박할 논리가 없어진다. 자기 혼자만의 입장을 생각했을 때에는 전혀 문제라고 생각하지 않았지만, 다른 사람들도 모두 자신처럼 행동한다면 문제가 된다는 것을 부인할 수 없기 때문이다. 좀더 유순한 직원이라면 상사의 설득에 공감하며 바로 변화하고자 하는 태도를 보인다. "듣고 보니 제가 반성할 점이 있는 것 같습니다"라고 대답하는 사람도 있을 것이다. 역할 변경 기법에 의하여 문제점 공유가 성공하는 순간이다.

시간 확장 기법은 현재의 상태를 미래로 확장하여 생각하도록 함으로써 문제점을 부각시키는 방법이다. 가령 "이런 상태가 변하지 않고 2년, 3년이 지나면 어떤 상황에 직면하게 될까요?"라고 질문하는 방법이다. 이 방법은 작은 것도 문제가 될 수 있음을 볼 수 있게 해준다. 직장생활에 의욕을 잃고 무기력하게 근무하는 직원에게 시간 확장의 기법으로 문제점 공유했을 때의 효과를 살펴보자.

고부장: 박대리의 현재 모습이 3~5년 지속된다면, 그때는 박대리에게 어떤 발전이 있을까요?
박대리: ……

고부장: 5년 후에 조직 내에서 박대리에 대한 평가나 위상은 어떻게 달라져 있을까요?
박대리: ……

직원은 상사의 설득에 반박할 논리가 없어 침묵하고 있다. 그리고 현재는 무감각하게 아무 문제가 없다고 생각하던 자신의 행동이 시간이 확장되면 심각한 문제가 된다는 것을 깨닫고 각성하게 된다.

앞서 소개한 6시에 혼자 퇴근하는 박대리의 경우도 시간 확장 기법으로 설득할 수 있다.

"시간이 흘러 박대리가 팀장이라고 치고, 지금처럼 혼자만 계속 퇴근하는 직원을 보면 어떤 생각이 들까요?"
"박대리의 현재 행동이 2~3년 지속된다면, 박대리를 조직에서는 어떻게 평가할까요?"

이와 같이 시간 확장이나 역할 변경의 대화기법을 사용하면 대부분의 경우 자신의 문제행동을 바라보는 주변의 시각을 새롭게 인식한다. 그리고 사표를 낼 생각이 없다면 문제행동을 고칠 가능성이 높다.

이상으로 우리는 POAH_S 대화의 1단계인 문제점을 공유하는 대화기법에 대해 상세히 살펴보았다. '문제점 공유'는 POAH_S 대화의 기초 공사에 해당한다. 이것이 제대로 된 후에야 비로소 다음 단계로 나아갈 수 있다.

OPTIONS.
개선방안을 의논한다

개선방안을 의논하는 2단계의 키워드는 '의논'이다. 이 단어는 일방적인 지시와 반대되는 의미를 담고 있다. 직원의 업무처리가 미흡한 경우에 지시형 리더는 직원을 불러 개선책을 일방적으로 지시한다. 다음 대화는 수입차 판매회사에서 상무가 직원에게 지시형 대화를 하는 모습이다.

> 유상무: 상반기 판매량이 지난해에 비해 줄어들고 있는 비상 상황입니다. 김차장, 박과장, 현재 추진하고 있는 활동을 보고해보세요.
> 김차장: 수도권 골프장 방문 홍보와 은행 VIP 고객들을 대상으로 영업을 하고 있습니다.
> 박과장: 지인들을 발판으로 가망 고객을 확대하는 중입니다.
> 유상무: 그런 정도 가지고 원하는 성과가 나오겠어요? 김차

장은 내일부터 호텔을 세 군데씩 매일 순회하고, IT기업 리스트를 뽑아 사장들을 방문해보세요. 그리고 박과장은 내일부터 다른 수입차 영업점들을 찾아다니며 경쟁사들의 영업전략을 알아보세요.

김차장: 그러면 성과가 좋아질까요?

유상무: 일단 시키는 대로 하세요.

업무성과 미흡이라는 문제에 대하여 지시형 리더들이 직원들에게 어떻게 말하고 행동하는지 잘 드러나 있다. 직원의 의견을 존중하거나 질문을 하지 않고, 리더 자신의 아이디어만을 따르도록 지시한다.

상사가 직원들에게 일방적으로 지시만 하는 행동은 여러 가지 부작용을 가져온다. 무엇보다 직원의 아이디어와 전문성을 활용하지 못하며, 실행 단계에서 직원의 자발성이나 책임감이 나타나지 않는다. 나아가 직원을 수동적인 사람으로 만들어 미래의 인재 육성에도 실패하게 된다.

POAH_S 대화에서 개선방안을 '의논'하는 것에 방점을 두는 이유도 여기에 있다. 상사의 생각을 밀어붙이지 말고 직원의 의견을 존중하며 반영하는 것이 중요하다.

리더의 답을
먼저 꺼내지 마라

오늘날의 직장 업무는 과거와 달리 갈수록 세분화, 전문화되고 있다. 직원들의 학력 수준도 높아졌고, 'Smart Work'란 표현으로 대변되는 각종 IT 기기의 발달로 업무 수행방식이 매우 빠르게 변하고 있다. '새로운 정보의 축적' 면에서 직원들이 상사보다 더 많은 능력을 발휘할 가능성이 얼마든지 존재한다. 이러한 조직 환경은 업무의 구석구석에서 직원이 리더보다 더 좋은 아이디어를 가지고 있을 가능성이 과거에 비하여 급격히 늘었음을 의미한다.

  기술 변화의 속도가 상대적으로 느렸던 20~30년 전까지만 해도 리더들은 오래 근무한 경험만으로 직원들보다 더 많은 아이디어와 전문성을 보유할 수 있었다. 이때는 리더가 직원에게 지시통제형 리더십을 발휘해도 별문제가 없었다. 하지만 오늘날은 그럴 수 있는 환경이 아니다. 리더의 아이디어에 의존하는 방식으로는 직원의 전문성이나 창의적 아이디어를 이끌어낼 수 없다. 오늘날 코치형 리더십이 지지를 받는 이유가 여기에 있다.

  예컨대 리더가 직원을 변화시키려고 3가지 아이디어를 지시하면 실행방안은 3가지에 그친다. 그러나 지시하기 전에 직원에게 먼저 질문하면, 3가지 외에 새로운 의견이 생성되기도 한다. 여기에 리더가 새로운 아이디어를 추가하면 최종 아이디어는 5~6가지로 확장된다. 두 사람의 생각을 합치려는 노력의 성과이다.

만약 리더가 뚜렷한 실행방안을 가지고 있는 경우라면 어떨까? 직원과 '의논'하지 않고 간단히 '지시'하면 더 효과적이지 않을까? 그러나 이런 경우라도 리더는 먼저 직원의 의견을 들어보는 것이 좋다. 상사의 질문에 직원이 자신의 입으로 대답한 경우 실행 과정에 책임감이 높아지기 때문이다.

'지시'하지 말고
'제안'하라

설득의 심리학에는 자신의 의견을 강요하는 방법보다 '중립적 제안 Neutral Suggestion'으로 소개하는 것이 상대방의 생각을 바꾸는 데 더욱 효과적이라는 연구 결과가 있다. 심리학자 잭 브렘은 수십 명의 실험 참가자들을 2명씩 짝을 짓게 하고, 의견 제시를 중립적으로 할 때에 상대의 수용도가 증대하는 것을 확인하였다. ★

★
Johnson & Johnson, *Joining Together*, Pearson Custom Publishing, 2012.

1차 실험에서 실험자 A가 "나는 X가 좋다"고 말하도록 했다. 그때 실험자 B가 X를 선택할 확률은 75퍼센트였다. 2차 실험에서는 A가 "우리 둘 다 X를 선택해야 한다"고 말하게끔 했다. 이때 B가 X를 선택할 확률은 40퍼센트로 감소하였다. 즉, A가 자신의 의견을 강요하거나 주도적으로 말할수록 B가 그 의견을 받아들이는 정도가 줄어든 것이다. 의견을 강요할수록 상대에게 설득 효과가 떨어지는 원인을 브렘은 '심리적 거부감_{Psychological Reactance}' 때문이라고 하였다.

직장에서 상사가 직원에게 일방적으로 지시하는 것이 바람직하지 않은 것도 이 때문이다. 해결방안을 의논하는 단계에서 상사는 '지시'하지 않고 '제안'하는 방법을 사용해야 한다. 다음 대화는 중립적으로 상사의 의견을 제안하는 모습이다.

> 박상무: 현재 성과가 미흡한데 이를 극복할 방안이 있습니까?
> 김차장: XX방안을 계획하고 있습니다.
> 박상무: 내 생각에는 YY방안도 성과가 있을 것 같은데, 김차장의 생각은 어때요?
> 김차장: 어떤 측면 때문인지요?
> 박상무: 최근 YY방안의 효과가 확인되었습니다.
> 김차장: 그렇다면 YY방안도 좋다고 생각됩니다. 저도 추진

해보겠습니다.

중립적 제안은 "이런 아이디어도 있는데 채택 여부는 당신이 결정하세요"라는 의미를 가진다. "이렇게 하세요" "시키는 대로 하세요" 식의 일방적 지시와는 대조적인 방법이다. 위 사례에서 박상무가 "내 생각에는 YY방안도 성과가 있을 것 같은데, 김차장의 생각은 어때요?"라고 말하는 것이 중립적 제안의 예이다.

중립적으로 의견을 제시하면 직원의 실행 의욕이 크게 높아진다. 지시의 방법으로 전달된 리더의 아이디어는 어디까지나 리더의 아이디어일 뿐이다. 하지만 리더가 제안하고 직원이 자신의 입으로 직접 "그것도 좋은 아이디어입니다"라고 말하면, 그 순간 그 아이디어는 직원의 것이 된다. 이것은 실행 단계에서 마지못해 따르느냐 또는 자발성을 가지고 적극적으로 실행하느냐의 큰 차이를 가져온다. 학자들은 이것을 '심리적 주인의식Psychological Ownership'이라고 부른다.

코치형 대화가 부드러운 듯 보이지만 지시형 대화보다 실행력이 훨씬 강한 것도 이러한 차이에서 비롯된다. 외형적으로는 직원을 느슨하게 풀어주는 것처럼 보이지만, 실제로는 직원을 더욱 일사불란하게 움직이게 하는 것이 POAH_S 대화이다.

'역질문'의 꾀에
넘어가지 마라

지식 근로자의 시대에 지시형 리더는 자신과 함께 일하는 직원을 무능하고 수동적으로 만든다. 하지만 코치형 리더는 시간이 흐를수록 직원을 성장시킨다. 대화에서 지시보다 질문을 많이 하기 때문이다.

"김과장의 생각은 무엇입니까?"
"그런 생각을 하게 된 배경은 무엇입니까?"
"김과장이 내 위치에 있다면 무엇을 어떻게 할 생각입니까?"

지시하지 않고 질문하면 직원은 머리를 쓰게 되며, 갈수록 더 좋은 의견을 내놓게 된다. 뿐만 아니라 직원은 질문을 받으면서 존중받는 느낌을 갖는다. 나아가 자기를 인정해주는 리더를 실망시키지 않으려고 더욱 열심히 일한다. 그러면 시간이 흐를수록 직원의 능력과 의욕은 증대하기 마련이다. 평범한 직원이 점차 유능한 인재로 성장해가는 것이다.

그러나 그동안 직장생활을 하면서 직원들이 함께했던 상사들은 대부분 지시형 리더들이었다. 시키는 대로 일해오는 것에 익

숙해져 있었는데 질문하는 상사를 만났으니 처음에는 당황할 수밖에 없다. 상사에게 "황대리의 생각은 무엇이지요?"라고 질문을 받으면, 직원은 참신한 의견을 내는 것은 고사하고 "제가 무얼 했으면 좋겠습니까?"라고 상사에게 거꾸로 도움을 청해오기도 한다. 직원의 주도적인 의견 개진이 필요할 때 상사에게 "어떻게 할까요?"라고 역질문하는 것은 자신의 공을 상사에게 넘기는 것과 같다. 소위 '상향적 위임 Upward Delegation'이다.

직원이 역질문을 해오면 보통의 리더들은 개입의 함정에 빠진다. "그러면 XX방안으로 추진해봐"라고 순발력 있게 의견을 주고 만다. 지시형 리더십으로 돌아간 것이다. 영악한 직원이라면 이렇게 말할 수도 있다. "저보다 상무님은 경륜과 전문성이 몇 배 많으십니다. 간단히 조언만 해주시면 저의 착오를 줄일 수 있을 것입니다." 미숙한 리더라면 이런 말을 듣고 '이 친구가 나를 제대로 알아주는구먼' 하고 우쭐해하거나 동시에 그런 직원을 신임할지도 모른다. 하지만 직원의 이러한 태도는 자신이 고민하면서 숙제를 하지 않으려고 상사를 끌어들이는 전술이다. 또한 상사에게 역질문을 하여 상사의 조언대로 추진하면, 만에 하나 결과가 나쁘더라도 상사의 문책을 피해 갈 수 있다.

탁월한 리더들은 '상향적 위임'을 하는 직원의 꾀에 넘어가지 않는다. 이들은 직원이 역질문을 해오면 직원에게 질문의 공을

"내 생각에는 이 방안도
성과가 있을 것 같은데,
김차장의 생각은 어때요?"

지식 근로자의 시대에 지시하고 통제하는
리더 밑에서 직원은 성장하지 못한다.
지시하지 말고 제안하라.
스스로 답을 말하게 하라.

다시 돌려준다.

> 박대리: 부장님, 어제 말씀하신 매출 증대 전략에 대하여 좋은 방안이 떠오르지 않습니다. 부장님은 영업의 백전노장이시니 저에게 좀 가르쳐주십시오.
> 김부장: (대답을 주지 않고) 박대리도 현장 경험을 쌓았고 나름의 생각을 가지고 있을 테니 그것을 먼저 듣고 싶어요. 방안이 지금 준비가 안 되었다면 언제까지 되겠어요?

앞에서 살펴본 수입차 판매회사의 대화 사례를 지시가 아니라 질문하고 의논하는 코치형 대화로 바꿔보자.

> 유상무: 상반기 판매량이 지난해에 비해 줄어들고 있는 비상 상황입니다. 김차장, 박과장 두 사람이 현재 추진하고 있는 활동에 대해 보고해주시겠어요?
> 김차장: 수도권 골프장 방문 홍보와 은행 VIP 고객들을 대상으로 영업을 하고 있습니다.
> 박과장: 지인들을 발판으로 가망 고객을 확대하는 중입니다.
> 유상무: 수고 많아요. 두 사람 모두 노력을 하는데도 매출이 줄어들고 있는 것이 엄연한 현실입니다. 이 문제를 개선하

는 데 어떤 방안들이 있을까요? [질문]

김차장: 골프장과 은행 VIP 대상 영업은 계속하는 것이 좋겠습니다. 그 외에도 XX방안과 YY방안도 시도해볼 만합니다.

유상무: 일리가 있습니다. 또 어떤 방안들이 있을까요? [질문] 박과장도 자유롭게 말해주세요.

박과장: 지인들뿐만 아니라 온라인을 통한 홍보방법과 ZZ방법도 구상하고 있습니다.

유상무: 기대가 됩니다. 또 다른 방법은 없을까요? [질문]

김차장, 박과장: A방안, B기법, C방법 등도 한번 해볼 수 있습니다.

유상무: 좋아요. 논의되지 않은 다른 방안은 없나요? [질문]

김차장, 박과장: 이제 더 이상 아이디어가 없는데요, 하하.

유상무: 호텔 헬스장 순회, IT기업 사장들 방문, 경쟁사 영업전략 파악도 유용할 것 같은데, 두 사람의 의견은 어때요? [중립적 제안]

김차장, 박과장: 그것도 좋은 방법으로 생각됩니다. 한번 시도해보지요.

ACTION.
실행사항을 확인한다

POAH_S 대화에서 1단계인 문제점 공유와 2단계인 개선방안의 의논이 제대로 되었다면, 상대 직원에게 다음과 같은 대답을 듣게 될 것이다.

> 1단계 결과: "예, 상무님 말씀을 듣고 보니 저에게 문제가 있다는 생각이 듭니다."
> 2단계 결과: "이를 개선하기 위하여 이러이러한 방안들을 시행해보겠습니다."

직원의 입에서 이러한 대답을 들으면 리더들은 '이제 고민이 해결되었구나' 하며 안도의 숨을 쉴 수도 있다. 그러나 문제 해결은 그렇게 간단하지 않은 게 현실이다. 힘들여서 직원과 개선방안을 의논하고, 직원에게 "앞으로 XX방안을 추진하겠습니다"는 말을 들었건만 제대로 실행되지 않을 가능성은 늘 있다. 직원에게 약속사항을 반드시 실행하도록 쐐기를 박아두지 않으면 1, 2단계에서의 대화가 열매를 맺지 못한다. POAH_S 대화의 3단계인 '실행사항을 확인'하는 대화가 필요한 이유이다.

대화 중 실행사항을 확인하지 않는 실수를 가장 많이 하는 사람이 누구일까? 바로 지시형 리더들이다. 이들은 언성을 높이면서 "언제까지 XX방안을 추진하세요" 하고 강하게 지시하지만 정작 중요한 실행사항의 확인 대화를 하지 않는다. 실행력 측면에서 지시형 리더가 코치형 리더의 성과를 따라가지 못하는 것은 이 때문이다.

실행사항을 확인하는 데는 다음 3가지 방법이 동원된다.

첫째, 실행 방법의 확인. 다양한 실행방안 중에서 어떤 방안을 어떻게 추진할 것인지를 확인한다.

둘째, 실행 의지의 확인. 실행하고자 하는 각오와 적극성을 확인한다.

셋째, 실행 결과의 확인. 결과가 좋고 나쁨에 상응하여 보상과 책임의 내용을 확인한다.

실행 방법을 확인하라

POAH_S 대화의 2단계인 '개선방안 의논' 단계에서는 문제 해결에 필요한 방안을 최대한 많이 도출하는 것이 목표였다. 앞에서 살펴보았던 수입차 판매회사의 경우에도 개선방안은 12가지가 도출되었다. 김차장과 박과장이 9가지 방안을 제안하였으며, 유상무가 3가지 방안을 보태었다. 하지만 막상 실행 단계에서는 이 12가지 방안을 모두 동시에 추진할 수는 없다. 중요도와 용이성의 측면에서 우선순위를 정하고 취사선택을 해야 한다.

또한 앞의 사례와 같이 여러 직원들과 함께 개선방안을 의논한 경우에는 실행방안이 사람에 따라 다를 수 있다. 김차장이 중요시하는 A방안을 박과장은 중요하지 않다고 생각할 수 있는 것이다. 따라서 도출된 방안 중에서 어떤 방안을 먼저 추진할 것인지 확인하는 대화가 필요하다.

유상무: 매출 증대를 위한 여러 가지 방안들이 도출되었습니다. 모두 12가지인데 이제 무엇을 어떻게 실행할 것인지 의견을 말해보세요.

김차장: 저는 이번 달에 A안과 C안을 추진하고, 다음 달에

B안도 병행하겠습니다. 다른 방안들은 당분간은 시행하기가 곤란합니다.

박과장: 저는 B안을 먼저 실시하겠습니다. 그리고 A안은 김차장의 추진 성과를 보면서 고민하겠습니다.

유상무: 김차장과 박과장이 그런 방안을 선택한 배경은 무엇이지요?

김차장: 저는 이러이러한 관점에서 A안과 C안을 추진하기로 결정했습니다.

박과장: 저는 이러이러한 이유로 B안이 최선이라고 생각합니다.

유상무: 좋아요. 각자가 자신의 상황에 맞게 최적의 방안을 결정한 것으로 생각하겠습니다.

미흡한 직원에게 상사가 "김대리, 앞으로 이러이러하게 해"라고 지시했을 때, 실행 결과가 나쁘면 그 책임은 누가 져야 할까? 책임감이 있고 정신 자세가 곧은 직원이라면 스스로 책임을 질 것이다. 그러나 고질적인 문제직원이라면 "시킨 대로 해도 결과가 나쁜데 저보고 어쩌라는 말입니까?"라고 항변할 수 있다.

이러한 변명의 가능성을 애초에 차단하는 수단이 실행 방법을 확인하는 대화이다. 즉, 최종적인 방안을 직원이 선택하게 하고,

그것을 직원의 입으로 말하게 하면 직원은 책임감을 가질 수밖에 없다.

실행방안을 직원에게 선택하게 하였을 때에 선택한 방안이 합리적이지 못할 위험은 없을까? 다시 말해, 상사가 실행방안을 결정해주는 것보다 직원이 결정하게 하는 것이 나쁜 선택이 될 가능성은 없을까? 정답은 직원이 더 합리적인 결정을 할 가능성이 높다는 것이다.

POAH_S 대화의 2단계인 개선방안을 '의논'하는 단계에서 직원은 다양한 아이디어를 소개받았고, 또한 각 아이디어의 내용을 이해하고 있다. 더구나 상사가 속속들이 알지 못하는 현장의 상황이 있으며, 이것을 가장 잘 알고 있는 사람이 직원이다. 따라서 직원에게 최종 실행방안을 선택하는 것이 가장 합리적인 결과를 가져온다.

실행 의지를
확인하라

담배를 끊기 위해 전문가의 상담을 받아보았는가? 전문가는 "담배를 끊겠다는 선언을 공개적으로 하라"고 요청한다. 가족이나 직장의 동료들에게 "내일부터 담배를 끊겠다"고 선언하면, 선언을 지켜야 한다는 부담감이 생기기 때문이다.

선언의 기법은 직원들이 "앞으로 이러이러한 점을 시정하겠습니다"라고 한 약속이 흐지부지되지 않게 하는 데 효과적이다. '실행 방법'의 확인이 무엇을 언제 추진할 것인지 '물리적인 내용'을 확인하는 것이라면, '실행 의지'의 확인은 '정신적인 다짐'을 확인하는 것다. 실행 의지를 확인하기 위해서는 다음과 같은 질문들을 사용할 수 있다.

"오늘 도출된 계획에 대해 얼마나 만족하십니까?"
"김차장이 압축한 방안들은 성공할 수 있겠습니까?"
"이번 논의가 박과장에게 도움이 되었습니까?"
"끝까지 할 수 있겠습니까?"
"책임감을 가지고 한번 해보겠습니까?"

이런 질문에 직원은 십중팔구 긍정적으로 답하게 된다.

"예, 오늘 도출된 방안은 잘되었다고 생각합니다."
"이 방안을 제대로 추진하면 성공할 수 있겠습니다."
"할 수 있습니다."

"책임감을 가지고 추진해보겠습니다."

이러한 대답이 나올 것이라고 단정하는 데에는 그럴 만한 이유가 있다. POAH_S 대화의 1, 2단계를 거치며 직원의 의견이 충분히 녹아들었기 때문이다. 따라서 3단계에서 "이 계획은 실행 가능해 보입니까?"라는 상사의 질문에 직원이 "힘들겠는데요"라고 대답하는 것은 논리상 맞지 않다. 본인이 선택한 방안들이기에 부정적 대답은 나올 수가 없는 것이다.

실행 결과를 확인하라

실행 방법이나 실행 의지를 확인하는 최종 목적은 무엇일까? 말할 것도 없이 약속한 사항이 제대로 실행되어 열매를 맺도록 하는 것이다. "앞으로 기대에 어긋나지 않게 하겠다"는 말을 직원의 입으로 말하게 하여 실행 의지까지 확인한 상태를 생각해보자. 여기서 다시 문제가 될 수 있는 것은 "기대에 어긋나지 않게"라는 말의 의미에 대하여 서로의 기준이 다를 수 있다는 점이다.

노사 간의 단체협약과 같이 어렵게 타결한 합의사항의 경우에도 실행 단계에서 서로의 해석이 달라 갈등이 불거지는 경우가 얼마든지 있다. 이를 두고 "문제의 발단은 구체적이지 못한 데 숨어 있다Devils are in detail"고 서양 사람들은 말한다.

직원과의 대화에서도 실행 결과의 내용에 대하여 서로 해석의 차이가 생기지 않도록 해야 한다. 이를 위해서는 실행 결과를 확인하는 대화에서 실행사항의 최종 결과, 최종 결과의 검증 방법, 약속 위반 시 후속 조치의 내용을 반드시 확인해야 한다.

POAH_S 대화를 통하여 직원이 약속한 사항을 실행하는 데에는 시간이 소요된다. 내용에 따라 며칠 만에 끝나는 과제도 있지만, 수개월이 걸리는 과제도 있다. 이처럼 프로젝트가 크거나 시간이 걸리는 과제에 대하여는 중간 결과와 최종 결과, 2가지를 확인하는 방법을 정해두어야 한다. 중간 결과를 확인하기 위해서 다음과 같은 질문을 할 수 있다.

"2/4분기 추진 계획의 1차 결과는 언제 나오지요?"
"진행 상황을 언제 보고해주겠어요?"
"1차 결과를 어떤 방법으로 나에게 보여주겠어요?"
"고객 불만 개선 성과는 어떻게 측정할 생각이지요?"

진행 상황을 중간에 보고받는 것은 실패를 예방하기 위해서이다. 도출된 방안을 직원들이 모두 성공적으로 추진하면 얼마나 좋겠는가? 그러나 현실은 목표한 수준에 못 미치는 경우가 허다하다. 그러므로 상사는 중간보고를 받아 진행 상황을 미리 체크하고, 미흡한 경우에는 추가로 POAH_S 대화를 실시하여 상황이 악화되는 것을 사전에 바로잡을 수 있다.

실행 결과를 확인하는 세부 기법으로 '최종 결과'를 확인하려면 다음과 같은 질문을 사용하면 효과적이다.

> "매출 10퍼센트 증대 계획의 달성 여부는 어떤 자료를 사용하여 확인할 수 있지요?"
> "앞으로는 사전 승인 없이 자료 유출을 하지 않겠다고 약속을 했는데, 이런 일이 반복되니 내가 어떻게 하면 되겠어요?"
> "또다시 팀워크를 해치면 인사상 불이익도 감수하겠다고 했는데, 재발 시에는 다른 부서로 발령낼 수 있다는 데 동의합니까?"

이러한 말은 약속한 사항이 제대로 실행되지 않을 경우에 그에 상응한 불이익 조치를 취하겠다는 의미이다. 동일한 경우에 지시형 리더라면 "이런 일이 고쳐지지 않으면 가만두지 않을 거요"와 같이 모호한 말만 할 뿐 "근무 태도 평가에 반영하겠다"와 같이 구체적인 내용을 예고하지 않는다. 코치형 리더는 "약속을 또 위반할 시에는 이러이러한 불이익을 감수하겠습니까?" 하고 구체적으로 후속 조치의 내용을 확인한다. 그러면 상대 직원은 거의 "그렇게 하겠습니다"라고 동의하게 되어 있다. 앞에서 '실행 방법의 확인'과 '실행 의지의 확인' 과정을 거쳤기 때문이다. 실행 결과를 확인하는 상사의 질문에 직원이 책임을 지겠다는 내용을 본인의 입으로 말하게 하는 것은 약속한 사항을 반드시 실행하게 만드는 쐐기의 역할을 한다.

직원에게 낮은 인사 평가, 부서 이동 등의 불이익 조치를 취하려면 리더는 마음이 여간 괴로운 것이 아니다. 하지만 문제직원에게까지 무한히 온정만을 베풀면 전체 조직에 해를 끼치는 우유부단한 리더가 될 뿐이다. 실행 결과를 확인하는 대화를 하면 이와 같은 리더의 고충을 피해 갈 수 있다. 약속을 위반하였을 때에는 상응한 불이익을 주겠다는 것을 사전에 예고해주었기 때문에 직원에게 미안하다는 생각을 갖지 않아도 된다. 코치형 대화가 직원과 조직은 물론 리더 자신에게도 매우 유용한 도구인 것은 이 때문이다.

직원에게 최종적으로 실행 결과에 대한 확인을 받았으면 상사는 이를 직원이 보는 앞에서 기록해두는 것이 좋다. 특히 진행 과정에 대한 중간보고 날짜를 직원이 보는 자리에서 업무노트에 기록해두면 더더욱 좋다.

    흔히 상사의 지시를 받은 직원들은 시간이 흐르면 '부장님이 지시 사실을 잊어버렸겠지' 하는 생각을 하게 될 수도 있다. 그러나 상사가 자신이 말한 내용을 노트에 기록해두는 것을 본 직원은 실행에 소홀해지지 않는다. 이 방법을 사용하면 리더는 중간보고 일자를 잊고 있어도 괜찮다. 직원이 스스로 그 날짜에 보고하러 오기 때문이다. 결국 실행력을 증대시키는 것이다.

HOPE.
희망과 긍정의 말로 마무리한다

POAH_S 대화법을 알지 못하는 상사가 직원을 훈계한다면 대화는 어떻게 마무리될까?

 강팀장: 김과장, 오늘 지시한 사항 명심했지요? 앞으로 또 유사한 일이 발생하면 가만있지 않겠습니다. 나가보세요.
 김과장: ······

 대화가 무겁고 어두운 톤으로 끝나고 만다. 또한 격려의 내용이 없으며 상대가 성공하기를 바라는 상사의 마음을 담아내지 못하고 있다. 이러한 방법은 직원은 물론 상사 자신에게도 도움이 되지 않는다.
 직원을 코칭하는 궁극적인 목적은 직원을 발전하게 만드는 것이다. 사람의 진정한 변화는 내면으로부터 긍정적 동기부여가 될 때에만 가능하다. 이러한 이유에서 POAH_S 대화는 희망과 긍정의 말로 마무리해야 한다.

　직원에게 질책성 대화를 할 때 대화의 시작 부분에서 칭찬부터 하는 상사들이 있다. 그러나 칭찬은 처음보다 마무리 단계에서 하는 것이 더 좋다. 상사가 직원을 불러서 일대일로 대화하자고 요청할 때, 해당 직원은 이미 무슨 꾸지람을 들을지 감을 잡고 있으며 신경이 곤두선 상태이다. 이러한 상태에서 대화 시작 시점에 칭찬의 말을 하면 상대방은 칭찬의 말보다는 다음에 나올 꾸지람만 기다리며 마음이 초조해진다.

　또한 칭찬을 먼저 하고 나중에 꾸짖으면, 꾸지람의 효과가 희석되어버린다. 심한 경우 상대가 "나를 칭찬하려고 호출한 것인가? 나무라기 위해 호출한 것인가?" 혼동할 수 있다. 따라서 대화 시작 단계에서는 분위기를 부드럽게하기 위해 안부의 말만 간단히 하고 바로 POAH_S 대화의 1단계인 '문제점 공유'에 들어가는 것이 효과적이다.

> "박과장, 어서 와요. 요즘 날씨가 추운데 건강은 괜찮나요? 오늘 박과장의 상반기 업무성과에 대해 의견을 좀 나누려고 불렀습니다."

여기서 "요즘 날씨가 추운데 건강은 괜찮나요?" 정도의 말이 분위기를 부드럽게 하는 간단한 인사법이다. 이처럼 짧은 인사말을 나눈 후에 본론으로 들어가는 것이 대화의 진지함과 메시지 전달 효과를 높여준다. 그리고 마무리 단계에서 칭찬과 격려의 말을 덧붙이는 것이 좋다.

상대의 문제행동을 주제로 진행되는 상하 간의 대화는 분위기가 무겁게 마련이다. 상사가 아무리 직원을 존중하며 지시보다 질문의 대화를 한다고 해도, 직원의 입장에서는 부담이 되지 않을 수 없다. 하지만 대화를 밝은 분위기로 끝내면 서로의 심리적 에너지를 올려줄 수 있다. 앞 단계의 무거운 분위기에도 불구하고 의기소침해 있는 직원을 긍정의 마음으로 돌려놓을 수 있다. 그야말로 "죄는 미워하되 인간은 미워하지 말라"는 격언의 의미를 실현하는 것이다.

그런데 고질적 문제직원의 경우처럼 해줄 만한 칭찬이 없을 때에는 어떻게 해야 할까? ABCD 대화와 달리 POAH_S 대화는 상대방의 문제행동이 좀더 심각한 상황에서 이루어진다. 예컨대 열정 부족, 태도 불량, 팀워크 저해 등의 문제가 여기에 해당한다. 이러한 직원과의 대화를 칭찬과 격려 등 긍정의 말로 마무리를 한다는 것이 모순처럼 보일 수 있다. 특히 거짓 칭찬이나 마음에도 없는 격려의 말은 그 어색한 표현이 분명히 느낌으로 전달된다. 그러므로 리더는 자신이 진실로 공감하지 않는 억지 칭찬을 할 필요는 없다.

비록 칭찬거리가 없는 구제불능의 직원과 POAH_S 대화를 한 경우도 대화는 희망과 긍정의 말로 끝낼 수 있다. 상사의 진심을 적절하게 표현하면 긍정의 말을 하는 것은 언제나 가능하다. 솔직한 심정을 긍정의 메시지로 마무리하는 대화 사례를 살펴보자.

> 고부장: 박대리, 오늘 나와 나눈 대화가 마음에 부담이 되었지요?
> 박대리: ……
> 고부장: 박대리를 질책하려는 의도는 없었습니다. 박대리가 진정 잘되기를 바라는 것이 내 진심입니다. 오늘 대화한 내용을 업무에 반영한다면 더욱 발전하는 박대리가 되리라 생각합니다. 앞으로 부장인 나도 늘 애정을 가지고 성원하겠습니다. 내가 도울 일이 있을 때에는 언제든 말해주세요.
> 박대리: 감사합니다.

문제점이 있는 직원을 훈계하는 자리이지만, 그런 직원도 잘되기를 바라는 것이 상사의 진심이다. 힘들여 POAH_S 대화를 한 것도 직원의 발전을 위해서가 아니겠는가? 이러한 심정을 솔직하게 표현한 것에 불과한데도 대화는 긍정적인 분위기로 마무리되었다.

나아가 아무리 문제가 많은 직원이라도 한두 가지 칭찬거리는 있게 마련이다. 예컨대 업무성과는 미흡하지만 밤늦게까지 일하는 것을 본 적이 있다면 그것을 관찰 가능한 행동 중심으로 칭찬해주면 좋다.

> "박대리가 잘되기를 소망하는 것이 나의 진심입니다. 지난주에 박대리가 밤늦게까지 일하는 것을 보았는데, 그런 노력에 오늘 대화한 내용이 반영된다면 더욱 발전하는 박대리가 될 것이라 믿습니다."

곰도 구르는 재주가 있다는 말처럼, 다행스럽게도 사람은 누구나 개성과 칭찬거리가 있게 마련이다. 예컨대 일은 못하지만 분위기 메이커라거나 운동을 잘한다거나 하는 장점이 있을 수 있다. 이런 점도 칭찬거리로 대화의 마무리에 덧붙일 수 있다.

> "박대리! 지난주 노래방에 갔을 때 좌중을 즐겁게 해주어서 팀 분위기에 상당히 도움이 되었어요. 박대리는 대인관계가 좋은 장점이 있습니다. 오늘 우리가 이야기한 사항이 보완

되면 박대리는 인간관계와 업무 둘 다 더욱 발전하는 사람이 될 것 같아요. 앞으로 박대리를 계속 응원하겠습니다."

POAH_S 대화를 시작한 원래 목적은 문제행동을 개선하겠다는 약속을 받아내는 것이었다. 따라서 대화를 마무리하는 4단계에서 장황하게 칭찬을 늘어놓는 것은 좋지 않다. 짧고 간단하게 다음 사항을 말하는 것이 좋다. 우선 상대에게 대화에 성실하게 참여해주어서 고맙다는 말을 한다. 다음으로 사실에 바탕을 둔 상대방의 장점 한두 가지를 언급한다. 마지막으로 오늘 대화했던 사항이 제대로 실행되면 발전할 수 있으리라 믿고 기대한다고 말한다.

질책 대화를 하고 나면 기분이 나빠지는 것은 직원뿐만이 아니다. 상사도 기분이 언짢아지고 스트레스가 생긴다. 하지만 긍정의 메시지로 대화를 끝내면 서로 뒤끝이 상쾌하다. 마무리를 밝은 톤으로 끝내는 기법은 상대는 물론 리더 자신을 위한 것이다.

_SUSTAIN.
평소에 칭찬하고 계도한다

POAH_S 대화 프로세스에서 대화 자체는 4단계에서 끝난다. 5단계는 대화 이후의 실행 과정에서 리더가 해야 할 역할을 말한다. 근무 의욕이 떨어졌거나 나쁜 습관이 다시 나오는 등 근본적인 문제는 지적을 받고도 고치는 데 많은 시간이 걸린다. 이 기간에 상사가 해주어야 할 역할이 칭찬과 계도이다. POAH_S 대화의 마지막 단계에서 리더가 해야 할 역할은 크게 다음 3가지이다.

첫째, 상사는 지원할 사항을 계속 챙겨야 한다. 상사가 원하는 것은 직원들의 진정한 발전이다. 이를 위해 POAH_S 대화를 하고 실행 계획을 세워 추진하도록 독려한 것이다. 발전하기를 원하는 것은 직원 자신도 마찬가지이다. 하지만 직원이 실행에 성공하지 못하는 것은 실행 방법을 모르거나, 기술 혹은 정보가 부족하거나, 기타 다른 이유로 실행 과정에 장애를 만나기 때문이다.

직원이 이러한 장애와 싸우고 있는데 뒷짐 지고 구경하는 것은 직원의 발전을 바라는 상사에게 있을 수 없는 행동이다. 따라서 상사는 실행 과정에 도와줄 사항이 없는지 유심히 관찰하고 필요할 때 적극 도와주어야 한다. 이러한 상사의 마음을 대화의 마무리에서 미리 직원에게 말해주는 것도 좋다.

> "박대리가 잘되기를 소망하는 것이 나의 진심입니다."
> "앞으로 나도 많은 관심을 가지고 성원하겠습니다."
> "오늘 의논한 계획이 잘 이행되기를 바라며, 추진 과정에 내가 도와줄 사항이 있으면 언제라도 말해주세요."

둘째, 제대로 된 기법으로 칭찬과 격려를 지속해야 한다. 《칭찬은 고래도 춤추게 한다》는 켄 블랜차드의 책이 한국에서도 크게 붐을 일으켰듯, 오늘날 칭찬과 격려가 상대방을 변화시킨다는 것을 모르는 사람은 없다. 하지만 이것을 적극적으로 실천하는 리더는 의외로 많지 않다. 글로벌 기업의 탁월한 리더들을 대상으로 한 조사에 따르면, 탁월한 리더들은 칭찬과 질책의 비율이 83퍼센트 대 17퍼센트였다.★

★
Whetton & Cameron, *Developing Management Skills*, Prentice Hall, 2005.

다시 강조하건대 리더가 직원들에게 칭찬과 격려를 제대로 하지 않는 것은 첫째, 칭찬과 격려의 심리적 파급 영향에 대한 이해가 부족하기 때문이고, 둘째, 리더가 효과적 칭찬기법을 모르기 때문이다. 리더가 평소에 직원들에게 칭찬 중심의 긍정적 대화를 많이 해야 함은 아무리 강조해도 지나치지 않는다. 그 효과적인 도구가 앞서 살펴본 POBS 칭찬기법이다.

셋째, 직원의 실수로 지적해야 할 사항이 발생하면 생산적 방법으로 계도해야 한다. POAH_S 대화를 하고 난 후 실행 기간 동안 직원은 계속 크고 작은 실수를 하기도 한다. 이때마다 리더가 해야 할 역할은 ABCD 대화법을 활용하여 비폭력적이고 생산적인 방법으로 계도하는 것이다.

POAH_S 대화는
순환한다

문제가 있는 직원을 올바르게 변화시키는 것은 상사가 해야 하는 중요한 역할이다. 한두 번의 코칭 대화로써 변화를 가져오지 못했다고 포기해버릴 수는 없다. 이런 측면에서 POAH_S 대화는 단순한 대화기법을 넘어서 탁월한 리더의 리더십 발현 수단이라고 말해도 틀리지 않는다. 따라서 POAH_S 대화로 최고의 성과를 내려면 대화 프로세스만 숙지하는 것으로는 부족하다. 대화 프로세스를 사용하는 리더가 직원을 사랑하는 마음과 감정을 통제하는 인내심을 갖추는 것이 필요하다.

   사회학자인 로버트 도이치가 연구한 '도이치의 법칙'이라는 것이 있다. 간단히 말해 "나 자신이 특정한 방식으로 행동하면 상대방도 비슷한 방식으로 반응한다"는 법칙이다.* 이를 '호혜성의 법칙'이라고도 한다. 코치형 리더는 인간의 성장 가능성을 믿는 사람이다. 부족하고 문제투성이인 직원일지라도 변화할 것이라는 믿음을 포기하지 않는 사람이다. 상사가 직원의 성장 가능성을 믿으며 대화를 지속하면 직원도 이에 화답하여 조만간 변화된 모습을 보여주는 경우가 많다. 결국 POAH_S 대화를 계속하는 것은 인간 존중의 철학을 실천하는 탁월한 리더의 행동이라고 할 수 있다.

다만 '도이치의 법칙'에도 예외는 있다. 리더가 진심으로 직원과 대화를 실시하고, 지속적인 격려와 계도를 하였음에도 불구하고 끝까지 변하지 않는 직원이 있을 수 있다. 이럴 때에 리더는 언제까지 노력해야 할까? 인간에 대한 사랑을 포기하지 않는 리더라면 수도자의 심정으로 끝까지 직원을 가르쳐야 할 것이다.

그러나 끝없는 코칭의 대화는 스승이 제자에게, 부모가 자녀에게 할 수 있을지 모르나 직장 리더에게는 기대하기 어렵다. 직장에서는 단기간 내에 직원들이 각자의 역할을 완수해주지 않으면 조직의 목표를 달성할 수 없다. 또한 리더 자신도 자리를 보전하기 어려운 것이 현실이다. 이러한 상황에서 리더가 무한한 인내심으로 직원의 변화를 기다릴 수만은 없는 노릇이다.

이런 점을 감안할 때, POAH_S 대화는 제대로 된 프로세스에

★
Deutch, R., "The gratitude effect in the social support," *Journal of Research in Personality*, 1987.

의해 3회 정도 실시하는 것이 리더가 감당할 수 있는 적절한 수준이다. 월 1회 또는 분기 1회 정도의 주기로 세 차례 대화를 시도해보았다면 리더의 도리는 다한 것이다. 그래도 직원의 행동에 변화가 없으면 더 이상 POAH_S 대화를 시도하는 것은 무의미하다. 이러한 직원에게는 상응한 불이익이나 벌을 내리는 것이 리더의 나머지 역할이다. 이에 관해서는 뒤에 소개하는 점진적 징계의 기법에서 자세히 살펴보기로 하자.

실전 POAH_S 대화
성공 사례

용인에 있는 L공장의 하상무는 개당 1,000만 원을 호가하는 고가의 전자부품 회사의 사업부장이다. 고가의 제품이라 불량률을 줄이는 것이 중요 관심사이다. 그러나 지난 2년간 각종 노력을 기울였어도 국내 경쟁사들의 불량률 수준과 별 차이가 없어 고민하고 있다. 이러한 불량률은 글로벌 수준과 비교할 때 상당한 차이가 있다. 드디어 임원회의에서 이 문제 때문에 사장님에게 심한 질책을 받고 사무실로 돌아왔다. 화를 참기가 어려웠던 하상무는 불량률과 직접 관련이 있는 김부장을 당장 호출하려다가 참았다. 일전에 배웠던 POAH_S 대화가 생각났기 때문이다. 하상무는 POAH_S 대화를 시도해보기로 하고 김부장에게 전화를 걸었다.

하상무: 김부장, 수고 많아요. 불량률을 줄이는 방안에 대해

1시간 정도 함께 아이디어를 모아보고 싶은데, 오늘 스케줄은 어때요?

김부장: 오전은 외국 바이어와 미팅이 예정되어 있어서 오후 3~5시경에 틈이 있습니다.

하상무: 마침 나도 그 시간대에 가능하니 잘되었네요. 그럼 오후 3시에 소회의실에서 1시간 정도 예정으로 얼굴 좀 봅시다.

김부장: 예, 그렇게 하겠습니다.

오후 3시, 소회의실에 먼저 도착한 하상무가 김부장이 들어오자 커피를 권하며 반갑게 맞이한다.

Problem. 문제점을 공유한다

하상무: 바쁜 사람 귀찮게 하는 건 아닌지 모르겠네요? 전화로 얘기했듯이 최근 제품 불량률이 증대하고 있어 개선 방안을 함께 마련해보고 싶습니다.

김부장: 불량률 감소가 중요한 것은 알고 있습니다만, 오늘 부르시는 것을 보니 갑자기 무슨 문제가 생겼습니까?

하상무: (웃으며) 실은 오늘 임원회의에서 사장님께 혼이 났어요. 불량률 감소에 변화가 없다고……

김부장: 우리 사업부의 불량률은 평균 0.1퍼센트인데, 솔직히 타사에 비하여 나쁜 수준은 아닙니다.

하상무: 타사의 상황을 좀더 살펴봅시다. 김부장이 비교하는 타사는 어떤 회사들이지요?

김부장: 국내의 S사, K사이지요. 상무님도 아시다시피 S사는 우리보다 조금 양호하고, K사는 우리보다 못합니다.

하상무: S사가 최근 구조조정에 들어간 것은 들었나요? 또 글로벌 최고 수준인 외국의 G사와 T사는 최근에 불량률이 어떻게 개선되었는지 들었나요?

김부장: 최근 소식은 모르고 있습니다.

하상무: (국내 경쟁사의 상황과 외국 기업들의 최근 개선 상황을 보도자료를 제시하며 설명해준다.) 김부장, 우리 회사가 불량률을 0.01퍼센트 줄이면, 수익이 얼마나 좋아지는지 알고 있습니까?

김부장: 저는 엔지니어인지라 재무지표는 자세히 모릅니다.

하상무: (질문을 계속하고 김부장이 모르는 사항은 설명해준다.)

김부장: 상무님의 말씀을 듣고 보니, 사장님이 불량률 감소 대책에 비상을 걸 만하다는 생각이 듭니다. 상무님께도 부담을 드려서 죄송합니다.

Options. 개선방안을 의논한다

하상무: 그렇게 말해주니 고마워요. 김부장과 나는 한배를 탄 사람이니 이제부터 불량률을 개선하는 데 어떤 방안이 가능한지 얘기해봅시다. 김부장이 현장의 전문가이니 평소 생각하던 아이디어나 문제점을 말해보세요.

김부장: 우선 품질검사부 직원들의 사기와 전문성 증진이 필요합니다. 품질검사부는 불량품이 나오면 꾸지람을 듣고, 불량품이 없으면 조용히 넘어갑니다. 잘해야 본전이지요. 또한 업무가 장시간 모니터를 들여다보는 것이라 재미가 없습니다. 이런 이유로 부서에 퇴직자도 많고, 인사이동 시기마다 타 부서로 옮기려 합니다. 타 부서 이동에 실패하여 할 수 없이 남아 있는 직원들의 사기는 바닥입니다. 솔직히 팀장인 저도 다른 부서로 옮겨주시면 좋겠습니다.

하상무: 그런 고충이 있었네요. 내가 도와줄 만한 부분이 있습니까?

김부장: 상무님이 뜻만 있으면 충분히 가능한 방안이 있지요. 앞에서 말씀해주셨듯이 불량률이 0.01퍼센트만 감소되어도 회사에 큰 이익을 가져오지 않습니까? 그렇다면 직원들이 불량률을 감소시켰을 때에는 다른 팀보다 승진, 포상 등에서 우대해주시면 좋겠습니다.

하상무: 일리 있는 의견입니다. 그러면 우대받을 만하다고 생각하는 불량률 감소 목표는 어느 수준으로 생각합니까?

김부장: 우선 금년 말까지 국내 최고 수준인 0.07퍼센트까지 불량률을 낮춰 보겠습니다.

하상무: 좋아요. 그 목표를 달성하면 회사 이익에 기여한 부분을 충분히 인정하고, 품질검사부 직원들의 사기가 증진될 만한 방안을 추진하겠습니다. 또 다른 의견이 있습니까?

김부장: (추가 의견을 제시한다.)

하상무: 좋아요. 또 다른 방안이 있을까요?

김부장: 이제 아이디어가 바닥이 났습니다.

하상무: 내 생각에는 불량품이 나타나는 시간별, 시기별 통계자료를 관리하는 것도 도움이 될 듯한데, 김부장의 생각은 어때요?

김부장: 그건 미처 생각지 못했는데, 효과가 있을 것으로 예상됩니다. 그 방법도 한번 시행해보겠습니다.

(이후 질문과 경청의 대화를 계속해 장비 개선 등 5가지 방안을 도출했다.)

Action. 실행사항을 확인한다

하상무: 지금까지 우리가 함께 도출한 방안이 총 5가지입니다. 오늘 함께 도출한 이 방안들이 김부장은 충분히 가치가

있다고 생각하는지 궁금하네요.

김부장: 3가지는 평소 생각해왔었지만, 나머지 2가지는 오늘 상무님과의 대화에서 얻은 소득이지요. 현실성이 있는 방법들입니다.

하상무: 이 방법들을 어떻게 추진하는 것이 현실적인지 의견을 듣고 싶습니다.

김부장: 모든 방안을 동시에 추진하면 팀원들이 감당을 못합니다. A방안과 B방안은 당장 내일부터 추진하고, C방안과 D방안은 2개월쯤 후부터 가능하겠습니다. 그리고 E방안은 솔직히 말해 하반기 이후에나 착수하는 것이 좋겠습니다.

하상무: 왜 그렇지요?

김부장: (이유를 설명한다.)

하상무: 좋아요, 그렇게 하도록 합시다. 정리하면 A, B 방안은 내일부터 추진하고 C, D 방안은 2개월쯤 후에 착수하는 일정입니다. [실행 방법의 확인] 일정까지 포함한 이러한 최종 방안은 잘되었다고 생각합니까?

김부장: 제 의견이 대부분인데 아니라고 할 수 있겠습니까?

하상무: 글로벌 수준의 불량률 감소를 위해 한번 해볼 만합니까?

김부장: 소신껏 열정을 다해보겠습니다. [실행 의지의 확인]

하상무: 고마워요, 가슴이 좀 시원해집니다. 계획대로 잘 진행되도록 힘써주기 바랍니다. 그리고 진척 과정에 어려움은 없는지, 성공적으로 진행되는지 등을 알기 위해 앞으로 정기적으로 대화를 나누면 좋겠습니다. 어떤 주기로 만나 중간보고를 해주겠습니까? [실행 결과의 확인: 중간 점검]

김부장: 매월 말에 그동안 추진했던 방안들의 내용과 성과를 보고드리겠습니다.

하상무: 미안한 표현이지만, 만약 불량률이 감소되지 않으면 어떻게 하면 좋겠어요?

김부장: (웃으며) 조직의 생리상 그때에는 책임을 져야겠지요. 팀장 보직 해임 등 불이익도 감수하겠습니다. [실행 결과의 확인] 반대로 목표를 달성하면 승진과 보상 등에서 그동안 소외되었던 직원들의 고충을 꼭 해결해주시기 바랍니다.

하상무: 그렇게 하겠습니다.

Hope. 희망과 긍정의 말로 마무리한다

하상무: 오늘 문제점을 개선하겠다는 약속과 의지를 보여주시니 감사합니다. 김부장은 지난해에도 장비 교체의 어려운 과제를 계획대로 성사시킨 사람입니다. 사장님께서도 걱정하는 불량률 문제를 오늘 논의한 대로 개선시킨다면 김부장

의 능력은 더욱 돋보일 것입니다. 직속 상사인 나도 김부장의 계획이 잘 추진되도록 많은 관심을 갖고 성원하겠습니다. 앞으로 어려움이 있을 때에는 수시로 상의해주세요.
김부장: 감사합니다. 열심히 할 테니 지켜봐주십시오.

이상의 대화를 마치며 시계를 보니 1시간이 지났다. 책상에 돌아오자 하상무는 아침에 사장님에게 질책을 받은 것은 물론 그동안 이 문제로 받은 스트레스가 참으로 많았다는 생각이 얼핏 들었다. 그러나 60분을 투자한 POAH_S 대화를 마치자 이제 뭔가 잘될 것 같은 좋은 느낌이 몰려왔다. 평소 같으면 김부장을 불러 언성을 높였겠지만 이를 참은 것도 잘했고, 나아가 POAH_S 대화로 생산적인 결론을 맺은 자신이 대견스럽기도 했다.

이 대화 후에 하상무는 평상시에 김부장의 에너지를 올려주기 위하여 칭찬과 계도의 역할에 충실하였다. 또 때때로 사소한 실수나 문제가 생기면 ABCD 대화로 보완해나갔다.

이는 필자에게 대화 훈련을 받은 하상무가 실제로 경험한 사례이다. 이후 이 회사의 제품 불량률은 계속 낮아져서 2년 후에는 세계 최고 수준에 이르렀다. 아울러 품질검사부 직원들은 승진도 잘되고 사기가 증대되어 이제는 다른 부서로 보내달라는 건

의도 없어졌다.

다음은 위의 POAH_S 대화 사례에 대한 평가이다.

대화 환경

침착한 분위기로 대화할 수 있도록 상황을 설정하였다. 하상무는 사장님에게 질책을 받아 화가 났지만, 즉시 김부장을 불러들이면 스스로 감정을 통제하기가 어렵다는 것을 알고 대화 시간을 뒤로 미루었다. 화가 났을 때의 대화는 코치형 대화가 아니라 폭력 대화로 이어지기 십상이다.

대화 시간의 선정에서도 서로의 입장을 감안하고 있다. 자신뿐만 아니라 직원도 바쁘지 않아야 서로 차분한 대화를 할 수 있다는 판단에서였다. "1시간 정도 아이디어를 모아보고 싶은데, 김부장의 오늘 스케줄은 어때요?"라며, 직원이 편안한 시간을 선택하도록 배려하였다. 또한 상무가 먼저 커피를 준비하는 행동도 편안한 분위기 조성에 도움을 준다.

Problem. 문제점을 공유한다

"제품 불량률이 증대하고 있어 개선 방안을 함께 마련해보자"는 첫 마디는 후속 대화를 우호적으로 만드는 첫 단추의 역할을 하고 있다. 대화 분위기를 질책하는 자리가 아니라 문제 해결의 장으로 만들고 있다.

 문제점을 '공유'하는 데 리더의 관점을 밀어붙이지 않고 질문과 경청을 하는 데 집중한다. 불량률 0.1퍼센트는 큰 문제가 아니라고 생각하는 김부장을 "그걸 말이라고 하느냐?"고 나무라지 않고, 인내심을 가지고 다양한 자료들을 보여준다. 국내와 외국 경쟁사들의 최근 동향, 불량률이 회사 이익에 미치는 파급 영향 등을 먼저 질문하고, 김부장이 모르는 부분을 설명해준다. 이러한 대화에 약 30분을 할애하고 나니, 그제야 김부장은 "상무님의 말씀을 듣고 보니, 사장님이 불량률 감소 대책에 비상을 걸 만하다는 생각이 듭니다" 하고 동의한다. 문제점을 공유하는 데 성공한 것이다.

Options. 개선방안을 의논한다
상사가 개선책을 일방적으로 제시하지 않는다. 먼저 "김부장이 현장 전문가이니 평소 생각하던 아이디어나 문제점을 말해보세요"라고 질문한다. 이 질문을 통하여 하상무는 품질검사부 직원들의 사기 저하가 불량률의 중요한 원인이라는 새로운 사실을 발견할 수 있었다.

 그리고 "또 다른 의견은 무엇입니까?"라고 계속 질문하면서 김부장으로부터 가능한 모든 아이디어를 이끌어낸다. 상사의 생각을 먼저 말하면 직원은 추가 의견을 말하지 않기 때문이다. 김부장이 "이제 아이디어가 바닥이 났습니다"라고 하자, 하상무는 그때야 비로소 자신의 의견을 중립적으로 제시하고 있다. "내 생각에는 불량품이 나타나는 시간별, 시기별 통계자료를 관리하는 것도 도움이 될 듯한데, 김부장의 생각은 어때요?"라고 말이다.

리더의 생각을 강요하지 않는 중립적 제안은 상대방의 거부감을 줄이고 자발적 수용도를 높여준다. 위 사례에서도 김부장은 "그건 미처 생각지 못했는데, 효과가 있을 것으로 예상됩니다. 그 방법도 한번 시행해보겠습니다"라고 자발적으로 호응하고 있다.

Action. 실행사항을 확인한다

개선방안의 의논 단계에서 질문과 추가 제안으로 모두 5가지 방안을 도출하였다. 보통의 리더들은 이쯤에서 "이러한 다양한 방법들을 열심히 추진해보세요"하고 대화를 끝낸다. 그러나 코치형 리더는 실행사항을 확인하는 대화를 계속한다. 실행사항을 확인할 때도 실행 방법, 실행 의지, 실행 결과를 하나하나 분명히 확인하고 있다.

첫째, 실행 방법을 확인한다. 하상무는 "이 방법들을 어떻게 추진할 것인지 의견을 듣고 싶습니다"라고 질문한다. 실행 방법에 의문이 있을 때에는 다시 "왜 그렇지요?"라고 질문하여 최종적으로 "A, B 방안은 내일부터 추진하고 C, D 방안은 2개월 후에 착수한다"는 데 합의를 하고 있다.

둘째, 실행 의지를 확인한다. "이러한 최종 방안은 잘되었다고 생각합니까?" "글로벌 수준의 불량률 감소를 위해 한번 해볼 만합니까?"라고 질문한다. 이러한 질문에 김부장은 호응하지 않을 수 없다. "제 의견이 대부분인데 아니라고 할 수 있겠습니까?" "소신껏 열정을 다해보겠습니다"라고 말하고 있다.

셋째, 실행 결과를 확인한다. "진척 과정에 어려움은 없는지, 성공적으로 진행되는지 등을 알기 위해 앞으로 정기적으로 대화를 나누면 좋겠습니다. 어떤 주기로 만나 중간보고를 해주겠습니까?" "만약 불량률 감소의 성과가 나타나지 않으면 어떻게 하면 좋겠어요?" 하고 질문한다. 이에 대하여 김부장에게 "그때에는 책임을 져야겠지요. 팀장 보직 해임 등 불이익도 감수하겠습니다"는 답변을 들어둔다.

Hope. 희망과 긍정의 말로 마무리한다

하상무는 먼저 사실과 관찰 가능한 행동 중심으로 김부장을 짧게 칭찬하며, 의논한 사항을 성공시켜보도록 격려하고 긍정의 메시지로 마무리하고 있다. 장황한 칭찬을 했다면 '불량률 감소 대책'이라는 일종의 질책 대화의 요지가 흐려졌을 것이다.

"오늘 문제점을 개선하겠다는 약속과 의지를 보여주시니 감사합니다."
"김부장은 지난해에도 장비 교체의 어려운 과제를 계획대로 성사시킨 사람입니다."
"불량률 문제를 오늘 논의한 대로 개선시킨다면 김부장의 능력은 더욱 돋보일 것입니다."
"직속 상사인 나도 김부장의 계획이 잘 추진되도록 많은 관심을 갖고 성원을 하겠습니다."
"앞으로 어려움이 있을 때에는 수시로 상의해주기 바랍니다."

이러한 격려의 말에 김부장은 "열심히 할 테니 지켜봐주십시오"라고 화답하고 있다. POAH_S 대화의 원리가 잘 녹아 있는 성공적인 사례라고 평가할 수 있다.

POINT CHECK

1. POAH_S 대화의 5단계
- **P**roblem: 문제점을 공유한다.
- **O**ptions: 개선방안을 의논한다.
- **A**ction: 실행사항을 확인한다.
- **H**ope: 희망과 긍정의 말로 마무리한다.
- _**S**ustain: 평소에 칭찬과 계도를 지속한다.

2. 문제점을 공유하는 것이 성패의 관건이다.
- 문제점 공유는 직원을 사냥꾼처럼 몰아붙이는 것이 아니다.
- 침착한 대화 환경을 조성해두어야 문제점 공유에 성공한다.
- 역할 변경 기법과 시간 확장 기법은 문제점 공유에 효과적이다.

3. 개선방안을 지시하지 말고 의논해야 한다.
- 리더의 방안을 지시하면 직원의 전문성을 활용하지 못한다.
- 실행 단계에서 직원의 자발성이나 책임감이 발현되지 못한다.
- 직원을 수동적인 사람으로 만들어 인재 육성에 실패한다.
- 리더의 아이디어를 말할 때에도 '중립적 제안'의 방법이 좋다.

포인트 체크

4. 실행사항을 확인해야 확실한 열매를 맺는다.
- 실행 방법, 실행 의지, 실행 결과 3가지를 확인해야 한다.
- 약속사항을 직원 앞에서 메모하면 직원의 실행력이 높아진다.

5. 희망과 긍정의 말로 대화를 마무리해야 한다.
- 대화를 밝게 끝내면 상대에게 존중감을 주고 수평적 분위기로 전환된다.
- 직원과 리더 모두 감정의 찌꺼기가 없어진다.

6. 평소에도 칭찬과 계도를 해야 한다.
- POBS 칭찬기법으로 긍정의 리더십을 발휘해야 한다.
- 해결방안이 있는 문제는 그때그때 ABCD 대화로 계도한다.

7. POAH_S 대화는 인간 존중의 철학을 실현하는 것이다.
- 코치형 리더는 인간의 변화 가능성을 포기하지 않는다.
- 직원을 사랑하는 마음과 감정을 통제하는 인내심을 갖추어야 한다.

STEP 6

'구제불능' 직원에게는 점진적 징계를

리더란 냉혹함과 인자함,
이 모순된 양날을 함께 지니고 있어야 한다.
_이나모리 가즈오

STEP 6

냉정한 사랑은
리더의 의무이다

직장의 리더가 저지르기 쉬운 실수 가운데 하나가 '냉정한 사랑'을 실천하지 못하는 것이다. 패트릭 렌시오니는 《CEO가 빠지기 쉬운 5가지 유혹》에서 냉정한 사랑은 "문제가 있는 직원에게는 엄격하게 피드백하고 상응한 조치를 취하는 것"이며, 이것은 "당장은 직원을 힘들게 하지만 장기적으로는 직원을 돕는 결과를 가져온다"고 했다.

미국 갤럽에서 10만 명이 넘는 리더들의 행동을 분석한 결과, 성과와 관계를 동시에 달성하는 탁월한 리더들은 '냉정한 사랑'을 잘 실천하고 있다. 즉, 직원이 실수할 때 필요한 질책을 회피하지 않고 생산적인 방법으로 질책할 줄 안다는 것이다. 가벼운 실수나 문제는 ABCD 대화로 계도하며, 보다 심각하고 정답이 없는 문제는 POAH_S 대화로 코칭하는 것이 생산적 질책이다. 나아가 이러한 조치를 취해도 여전히 변화되지 않는 경우에는 점진적 징계의 기법을 사용한다.

칭찬과 질책을 기준으로 보면 리더의 유형은 다음 4가지로 분류된다.

첫째, 칭찬은 하지 않고 공격적 언어로 자주 질책하는 리더.

둘째, 칭찬도 질책도 하지 않는 리더.

셋째, 칭찬은 많이 하지만 질책은 회피하는 리더.

넷째, 칭찬을 주로 하되 필요한 질책은 생산적인 방법으로 하는 리더.

이 4가지 유형 중에서 가장 바람직한 유형은 당연히 네 번째 유형이다. 이들은 평소 칭찬 중심으로 긍정의 리더십을 발휘하지만, 필요한 경우에는 질책을 회피하지 않는다. 그리고 질책은 반드시 생산적인 방법으로 행한다.

필자는 2012년부터 3년에 걸쳐서 한국의 리더들이 칭찬과 질책을 어떻게 실행하고 있는지 조사해보았다. 필자가 진행하는 리더십 워크숍에 참석한 다양한 기업들의 리더 약 1,000명을 대상으로 조사하였다. 질문의 내용과 답변을 잠깐 소개해보겠다.

[질문 1] 지난 2주간 직원들에게 칭찬과 격려를 한 적이 있습니까?
참석자의 10~15퍼센트가 그렇다고 답했다.

[질문 2] 지난 2주간 직원들에게 화를 낸 적이 있습니까?
60~70퍼센트가 그렇다고 답했다.

[질문 3] 질책이 필요하나 인간관계 때문에 질책하지 않은 적이 있습니까?
약 50퍼센트가 그렇다고 답했다.

[질문 4] 질책을 한 사람 중에서 비폭력적인 방법으로 대화를 한 적이 있습니까?
약 5퍼센트가 그렇다고 답했다.

[질문 5] 고질적 문제직원이 있지만 조치하지 않은 적이 있습니까?
3~5퍼센트가 그렇다고 답했다.

우리나라의 리더들은 칭찬의 리더십이 크게 부족하다는 것을 알 수 있다. 앞에서도 소개한 조사에 따르면, 글로벌 기업의 탁월한 리더들은 전체 대화에서 칭찬이 차지하는 비율이 약 80퍼센트이다. 반면 한국의 리더들은 칭찬이 10~15퍼센트에 불과하다. 게다가 질책성 대화는 60~70퍼센트를 차지한다.

더 큰 문제점은 질책의 방법에서 드러난다. 탁월한 리더들은 비폭력 방법으로 질책하는 데 비하여, 우리나라 리더들은 95퍼센트가 인격 비난 등 비효과적이고 폭력적인 방법으로 질책하고 있다고 조사되었다. 질책이 필요하다고 생각하는 상황에서도 묵인하고 넘어가는 리더도 50퍼센트나 된다.

직원이 문제행동을 하는 경우에 리더가 질책을 하지 않는 이유는 무엇일까? 다양한 이유가 있겠지만 대략 정리해보면 다음과 같다.

첫째, 최근 우리 사회에 유행처럼 번진 '긍정 심리학'의 영향이 크다. 펜실베이니아 대학 심리학과 교수인 마틴 셀리그먼이 주창한 이 새로운 심리학은 관련 서적들이 계속 베스트셀러가 될 정도로 인기가 높다. 그런 분위기를 타고 은연중 리더들에게 절대로 질책해선 안 된다는 인식이 퍼지게 되었다.

둘째, 리더들이 생산적인 질책기법을 모르고 있다. 화를 내는 리더에게 "비폭력적인 방법으로 질책하라"고 말하면 대부분 그 방법을 배운 적이 없다고 대답한다. 침착하게 질책할 능력이나 자신감이 없기에 강성 직원과 맞닥뜨리면 아예 질책을 회피하고 만다. 방법에 대한 무지가 필요한 질책을 주저하게 만드는 원인이 되고 있다.

셋째, 다면평가에서 좋은 이미지를 얻기 위한 의도이다. 오늘날 많은 조직에서 리더의 역량평가에 직원들의 평가를 반영하는 다면평가제도가 사용되고 있다. 다면평가에서는 객관적 능력 못지않게 인간성이 좋은 사람이 유리할 수 있다. 이것을 모를 리 없는 리더들은 가능하면 직원들과 원만한 관계를 유지하려고 한다. 결국 직원들에게 인심을 잃을 만한 질책을 회피하는 배경이 된다.

넷째, 전반적으로 많은 리더들의 어깨가 처져 있다. 많은 조직에서 연공서열이 없어지고, 구조조정 등으로 1~2년 만에 근무부서가 재편되는 일이 다반사이다. 성과 부진 시에는 언제 보직이 없어질지 모르는 환경이다. 이런 불안한 상태에서 리더들은 직원의 문제행동을 보고도 '내가 바로잡겠다'는 자신감을 갖기가 어렵다.

리더의 역량이 충분하지 않은 경우에는 직원이 누구냐에 따라 질책의 정도가 달라진다. 예컨대 리더의 지시에 순종적인 직원이나 자기주장을 고집하지 않는 직원, 화를 내도 마음에 담아두지 않을 것 같은 직원에게는 과할 정도로 질책한다. 반면 똑똑한 직원이나 질책에 반발하는 직원, 과거의 반복된 질책에도 변하지 않는 직원 등에게는 질책을 회피하는 경향이 있다.

상대의 기질에 따라 질책 여부를 결정하는 것은 바람직하지 않다. 질책의 기준은 당연히 문제되는 행동 자체에 두어야 한다. 직원이 만만하다고 너무 쉽게 질책하거나, 억센 직원이라고 하여 필요한 질책을 하지 못하는 것은 한마디로 리더의 역할을 제대로 수행하지 못하는 것이다.

행동이 아니라 사람의 기질에 따라 질책 여부를 결정하면 조직에는 여러 문제점이 발생한다. 우선, 가볍게 취급되어 질책을 자주 받는 직원은 사기가 크게 떨어진다. 또 질책을 받지 않는 억센 직원은 여봐란 듯 문제행동을 계속한다. 이때에는 억센 직원의 문제행동이 다른 직원들에게까지 나쁜 영향을 미치게 된다. 결과적으로 직원들 모두가 리더를 더 이상 신뢰하지 않게 된다.

리더로서 필수적인 역할은 흔들림 없는 기준을 가지고 전체 조직을 편애 없이 통솔하는 것이다. 문제행동을 '누가' 했느냐에 따라 차별을 두지 않고 '어떤 실수'를 했느냐에 따라 질책을 해야 한다.

생산적 질책의
2가지 원칙

칭찬은 방법이 잘못되어도 큰 문제가 발생하지 않는다. 칭찬과 격려가 보약이라면, 질책은 수술에 비유할 수 있다. 잘못된 수술이 환자에게 치명상을 입힐 수 있듯이, 잘못된 질책은 상대의 마음에 큰 상처를 남기고 직원에게 더 나쁜 결과를 초래한다.

그렇다면 어떻게 해야 상대의 마음에 상처를 남기지 않고 문제를 개선하는 생산적인 질책을 할 수 있을까? 이제부터 그 방법을 소개하려 한다.

> **생산적 질책의 2가지 원칙**
> 첫째, 포커스를 맞춰라
> 둘째, 비공개로 하라

포커스를 맞춰라

마른하늘에 천둥이 치지 않는다는 말처럼, 갑자기 날벼락 치듯 직원을 나무라는 상사는 많지 않다. 예컨대 매사에 일처리를 잘하는 직원이 1가지 일을 잘못했다고 버럭 성을 내는 상사는 별로 없다. 그동안 몇 번을 참고 또 참다가 더는 참지 못할 순간이 다가오면 화를 내는 것이다. 이때 상사는 한꺼번에 쌓인 감정을 쏟아붓거나 주제를 확대해 질책하기 쉽다.

효과적인 질책이 되려면 주제를 확대하지 않는 포커스의 원칙을 지켜야 한다. 횡설수설하며 쌓인 감정을 한꺼번에 쏟아붓거나, 장황하게 설교조로 늘어놓는 다음의 경우를 살펴보며 왜 그러한 질책이 문제되는지 알아두자. 우리가 주변에서 흔히 보는 잘못된 질책의 전형이다.

한꺼번에 쏟아붓는 경우

> 고부장: 김대리, 평소 근무 태도가 영 마음에 안 들어요. 요즘은 당신을 찾을 때마다 자리에 없고 말이야……
> 김대리: 예……?

부장에게 불려가 갑자기 이런 질책을 듣는다면 김대리는 반성은커녕 반발심만 들 것이다. '내가 도대체 무슨 잘못을 했다는 말인가? 나를 나무라는 요점이 무엇인지? 찾을 때 자리에 없었다는 것을 나무라는 것인지, 아니면 다른 일처리가 잘못되었다는 것인지? 도대체 바쁜 사람 불러놓고 무슨 이야기를 하는지 모르겠군!' 하고 생각할 것이 틀림없다.

주전자 뚜껑에 수증기 구멍을 뚫어서 물이 끓어 넘치는 것을 예방하는 원리는 인간관계에서도 똑같이 적용되어야 한다. 직장에서 서로 언짢은 일이 있을 때에는 대화를 통해 그때그때 해결하는 것이 좋다. 그러나 리더들 중에는 못마땅한 감정을 가슴속에 쌓아두었다가 화가 나면 과거의 잘못까지 한꺼번에 언급하는 사람도 있다.

"박부장, 왜 1/4분기 결과 보고를 아직도 하지 않는 거요? 2/4분기 계획은 아직 착수조차 하지 않은 것 같은데…… 그리고 어제 미팅에는 왜 참석하지 않았어요?"

상무가 오늘 화가 난 직접적 이유는 어제 미팅에 박부장이 참석하지 않았기 때문이다. 그러나 박부장이 평소에 보고와 계획 수립 등에 순발력이 없음을 못마땅하게 여기면서도 참아오다가 오늘 한꺼번에 쏟아붓고 있다.

   이런 질책을 들은 박부장은 어떤 생각이 들까? '내가 다른 급한 일 때문에 보고를 못했는데 그것도 모르고 독촉만 하네. 또 어제 미팅은 무슨 말인가? 연락도 못 받았는데……' 박부장은 자신의 잘못을 돌아보기는커녕 리더가 문제 있는 사람이라고 생각하기 쉽다. 한꺼번에 쏟아부으면 대화가 감정적으로 변질되며, 나아가 개선하고자 하는 내용이 전달되지 않는다.

   김부장: 그동안 고객들과 다투는 일이 많았는데, 오늘도 문제가 생겼구먼.
   홍대리: 오늘 상황은 좀 다릅니다.
   김부장: 이 사람이…… 그러면 평소 고객 관리에 아무 문제가 없었다는 말인가? 오늘도 고객이 거래를 중단하겠다는데, 딴소리를 하고 있어. 앞으로 어떻게 책임질 거야?

   직장에서 흔히 목격할 수 있는 모습이다. 이 사례에서 김부장은 3가지 주제를 한꺼번에 말하고 있다. '고객과 다툰 오늘의 행동' '평소의 고객 관리 방식' '앞으로의 책임'이 그것이다. 한꺼번에 쏟아부으면 상사는 가슴이 후련할지는 모르나, 직원의 행동 개선이라는 대화의 궁극적인 목적은 달성하지 못한다. 홍대리의 행동이 왜 문제되는지, 앞으로 어떻게 개선할 것인지에 대한 논의는 전혀 이뤄지지 않고 있다.

직원을 나무랄 때 한꺼번에 쏟아붓는 실수를 하지 않으려면 주제를 확대하지 말고 포커스를 맞춰야 한다. 포커스를 맞춘다는 것은 현재의 문제를 대화의 주제로 한정하는 것을 말한다. '오늘 고객들과 다툰 일' '2/4분기 계획 수립이 늦은 것' '이번 실수 건' 등과 같이 주제를 한정해야 한다.

대화 도중에 과거에 발생했던 문제행동이 생각나도 언급을 하지 않는 것이 요령이다. 확대하지 않고 표현함으로써 상사의 절제된 모습을 보여주어야 한다. 앞에서 소개한 김부장과 홍대리의 대화를 포커스를 맞춘 형태로 바꾸어보자.

김부장: 오늘 고객이 거래를 중단하겠다는 연락이 왔는데, 무슨 일인가?
홍대리: 요구 조건을 다 들어주지 못해서 그런 것 같습니다.
김부장: 내용을 자세히 말해보게.
홍대리: (내용을 이야기한다.)
김부장: 앞으로는 어떤 부분이 개선돼야 할지 말해보게.
홍대리: 예, 오늘 사례를 경험으로 앞으로는 이러이러한 방향으로 개선하겠습니다.

이 대화에서는 오늘 발생한 고객의 클레임에 포커스를 맞추고 있다. 나아가 김부장은 질문을 통하여 홍대리의 입장을 충분히 듣고 있다. 깊이 있는 대화가 될 수 있었던 것은 주제를 한정했기 때문이다.

장황하게 설교조로 말하는 경우
1가지 주제에 한정하여 말을 하더라도 같은 취지의 말을 직접, 간접적으로 계속 반복해서 말하는 사람들이 있다. 포커스를 맞추지 않은 대화가 수평적인 주제 확대라면, 장황하게 설교조로 말하는 것은 수직적인 주제 확대라고 할 수 있다.

> "자네는 왜 이렇게 계산이 틀리나? 결제 올리기 전에 검산을 해야 하는 것 아닌가? 계산이 틀린 것을 보면 정신을 집중하지 않는다는 말이 되는데…… 내가 일일이 이것을 체크해야 되겠는가?"

상대방이 못 알아들을까봐 여러 번 강조하는 것이겠지만, 직원을 짜증나게 하는 질책의 방법이다. 질책의 대화는 설교가 아니다. 따라서 꼭 전달해야 할 사항, 상대가 꼭 개선을 해야 할 점을 짧게 말하는 것이 훨씬 효과적이다. "앞으로 두 번 검산하여 틀리는 일이 없도록!"이라고 간략하게 말하고 상대의 분명한 대답을 듣는 것이 좋다.

비공개로 하라

권투경기는 반드시 링에서 이루어져야 하듯이, 생산적인 질책을 위해서는 대화 환경이 적합해야 된다. 즉, 적합한 장소와 적합한 시간, 2가지 요소가 충족되어야 한다.

칭찬은 공개적으로 해도 무방하지만 질책은 비공개로 해야 한다. 리더가 직원을 질책하는 궁극적인 목적은 행동을 개선하는 것이지, 직원을 비방하여 난처하게 만드는 것이 아니다. 질책을 공개적으로 하면 행동 개선에 초점이 맞춰지기보다는 체면 손상이라는 부작용이 따를 수 있다. "칭찬은 공개적으로, 벌은 은밀하게 Praise in public, punish in private"라는 질책의 중요한 원리를 마음에 새겨두자.

비공개 질책을 위해서는 면담 통보의 방법에도 신중을 기해야 한다. 직원들이 보는 앞에서 리더가 직원을 호출하는 행동은 그 자체로 비공개 원칙을 위배하는 것이다. 면담 요청을 메일이나 전화 등으로 하는 섬세함이 필요하다.

여러 사람 앞에서 공개적으로 질책하는 리더들은 그렇게 하는 나름의 이유가 있다. 한 사람을 질책하는 것을 통하여 조직원 전원의 '기강을 잡겠다'는 것이다. 권위적인 지시통제형 리더들에게서 흔히 나타나는 모습이다. 그러나 공개적인 질책으로는 직원의 행동 개선을 위한 깊이 있는 대화가 불가능하며, 직원에게 체면 손상이라는 상처까지 안겨주기 때문에 장점보다 부작용이 훨씬 더 많다.

이러한 부작용을 예방하려면 순간의 감정을 통제하고 나중에 따로 대화 시간을 가지는 것이 최선이다. 시간이 지나 마음이 안정되면 생산적인 대화가 가능해지기 때문이다. 따로 불러 일대일로 질책하면 직원은 리더의 배려를 감사하게 생각한다.

리더가 직원을 질책하는 궁극적인 목적은 행동을 개선하는 것이지
직원을 비방하여 난처하게 만드는 것이 아니다.
칭찬은 공개적으로, 질책은 은밀하게 하라.
순간의 감정을 통제하고 편안한 대화 시간을 찾아라.

점진적 징계의
원리

K사의 지점장으로 근무하는 정상무에게는 골칫거리가 하나 있다. 전체 4개의 팀으로 구성된 조직에서 팀장으로 일하는 송과장 때문이다. 송과장은 능력과 업무실적이 좋은 편이라 겉으로 보기에는 우수한 팀장이었다. 문제는 그가 음주를 즐기는데, 술 마신 다음 날에는 출근이 늦거나 아예 결근을 하는 일이 한 달에 한두 차례 발생한다는 것이다.

   정상무는 그동안 세 차례 정도 송과장을 면담하였다. 팀장으로서 그렇게 행동하면 곤란하다는 취지로 설득하기도 하고, 강하게 질책하기도 했다. 그러나 송과장의 술버릇은 고쳐지지 않았으며, 팀원들의 일하는 분위기까지 망치고 있었다. 고민하던 중에 정상무는 송과장과 함께 근무한 경험이 있는 선배 지점장들에게 송과장이 과거에는 어땠는지 전화로 문의해보았다. 이들은 한목소리로 "송과장의 술버릇을 고치기 위해 위협도 하고 호통도 쳤지만 도저히 고쳐지지 않았다"고 했다.

   리더의 선한 노력에도 불구하고 송과장과 같이 변하지 않는 문제직원이 존재한다. 심지어 문제가 심각한 직원들은 온순하기만 한 리더를 자신의 뜻대로 조종하려 들기도 한다. 또 자신의 일을 소홀히 하는 정도를 넘어서 다른 사람들의 발목을 잡거나 갈등을 야기하여 팀워크를 해치는 경우도 많다. 혼자만의 문제로 그치지 않고 다른 직원들에게까지 나쁜 영향을 미치는 것이다. 리더가 이러한 문제직원에 대하여 특단의 조치를 취하지 않으면, 그 직원으로 말미암아 조직 전체의 분위기가 악화되고 만다. 썩은 사과 하나를 방치하면 바구니에 담긴 사과 전부가 부패하는 것과 같다.

   그동안 우리가 논의하였던 대화의 기법들은 직원의 문제행동을 어떻게든 개선하는 것이 목적이었다. 쉽게 말하면 '고쳐서 계속 같이 일하는 것'이 대화의 목적이었다. 그러나 고질적인 문제직원의 경우 ABCD 대화나 POAH_S 대화 등을 해도 효과가 없다. 이런 직원에게는 코치형 대화의 마지막 단계라고 할 수 있는 '점진적 징계'의 기법을 사용해야 한다. 점진적 징계는 일단 고치려는 노력을 해보고, 고쳐지지 않으면 노동법을 어기지 않는 한에서 퇴출시키는 것을 염두에 둔 기법이다.

   점진적 징계는 흡사 의사가 환자에게 약품을 투여할 때 처음에는 약한 것부터 시작하여 점차 강하게 처방하는 원리와 같다. 문제행동이 발생한 초기에는 경고 등의 조치를 취하고, 이것이 효과가 없을 때에는 제재의 강도를 점차 올려가는 것이다. 점진적 징계는 다음의 4단계로 진행된다.

> **점진적 징계의 4단계**
> 1차 구두 경고
> 2차 구두 경고 및 확인서 작성
> 공식 문서 경고
> 공식 문서 경고의 엄정한 추진

1차 구두 경고

먼저 상대의 행위가 왜 문제가 되는지 사실과 행동 중심으로 설명한다. 일대일 면담, 나-표현법 사용 등 코치형 대화의 원리를 토대로 3회 정도 POAH_S 대화를 제대로 실시했다면 이를 되풀이할 필요는 없다. 이제 "현재의 문제 상황이 고쳐지지 않으면 다음 단계에는 불이익 조치를 취하겠다"는 것을 엄격하고 정확하게 말해주는 것이 필요하다. 즉, 다음 단계에는 '확인서 징구' '공식 문서 경고' 등으로 점차 제재 강도를 높일 것이라고 경고해 주어야 한다.

정상무: 송과장, 음주 후에 자주 결근하는 문제로 그동안 세 차례나 의견을 나누었습니다.
송과장: 죄송합니다.
정상무: 그런 말은 더 이상 소용이 없을 것 같고…… 오늘은

조직의 책임자로서 입장을 알려드리고자 합니다. 오늘 이후로 다시 음주로 인한 출근문제가 발생하면 다음에는 서면으로 확인서를 받겠습니다. 그리고 그 후에도 변화가 없으면, 공식 문서 경고 등 사규에 의한 절차를 진행하겠습니다. 이에 대해 특별한 의견이 있습니까?

송과장: 없습니다.

   점진적 징계는 리더의 입장을 엄정하게 통보하는 성격이 강하기 때문에 질문과 경청 등의 쌍방형 대화가 이루어질 필요성은 적다. 아울러 설교형으로 장황하게 말하지 않고 간단명료할수록 메시지 전달 효과가 높다. 다만 리더가 일방적으로 대화를 끝내 버리지 않고 끝 부분에서 "특별한 의견이 있습니까?"라고 질문을 하는 것은 좋다. 이것은 질문을 통하여 상대방의 입으로 대답하게 하면 실행력을 높여주는 원리와 관련이 있다.

2차 구두 경고 및 확인서 작성

점진적 징계의 가장 중요한 원칙은 불이익 조치를 미리 예고하고, 예고된 조치를 흔들림 없이 실행하는 것이다. 1단계 대화 후에도 문제행동이 다시 나타나면 예고한 절차를 정확하게 진행해야 한다. 예컨대 직원이 "이번 한 번만 더 용서하여주십시오"라고 말한다고 하여 후퇴해서는 안 된다. 1단계에서 예고한 조치를 정확하게 시행하는 것을 보고서야 문제직원은 '야! 이거 말뿐인 리더가 아니네'라고 생각하며 비로소 정신을 차리기 시작한다. 송과장의 음주 문제를 과거의 지점장들이 바로잡지 못한 것도 이 원칙을 지키지 않았기 때문이다. 1단계 면담에서 "다시 음주로 인한 출근문제가 발생하면 다음에는 서면으로 확인서를 받겠다"고 예고를 했기 때문에, 2단계에서는 그대로 확인서를 받으면 된다.

  여기서 무엇보다 중요한 것은 직원이 작성하는 확인서에 핵심 요점이 담겨 있어야 한다는 점이다. 확인서의 내용이 반성문 수준에 불과하면 확인서로서의 효력이 없다. 점진적 징계의 기법을 모르는 보통의 리더들은 화가 난 상태에서 언성을 높이며 직원에게 확인서를 써오라고 지시한다. 하지만 확인서에 포함되어야 할 내용을 제대로 챙기지 않는다. 음주 후 혼이 난 송과장이 작성한 확인서는 다음과 같이 반성문 수준이 되기 쉽다.

> 어제 퇴근 후 과음하여 오늘 정시에 출근하지 못하였습니다. 팀장으로서 모범을 보이지 못하여 크게 반성합니다. 앞으로는 이러한 일이 발생하지 않도록 하겠습니다. 또다시 문제를 일으키면 어떠한 처분도 감수하겠습니다.

이런 확인서를 받아든 리더는 "어떠한 처분도 감수하겠다"는 말 때문에 흡족하게 생각할 수도 있다. 하지만 실제로 이 확인서는 활용 가치가 매우 적다. 어떤 처분도 감수하겠다고 말했음에도 불구하고 송과장은 불이익의 종류를 전혀 예측하지 못하기 때문에, 정상무가 실제로 강한 조치를 취하면 감정적으로 반발심을 갖게 된다.

점진적 징계 절차는 문제행동이 개선되지 않을 때에는 파면 등 중징계까지 갈 것을 염두에 둔 장치이다. 이 최종적인 단계에서 노동위원회나 법원으로부터 징계가 부당하다고 판정받지 않

공식 문서 경고

점진적 징계의 1단계와 2단계를 거쳐도 변화되지 않는 직원이 있다. 1단계 대화에서 문제행동이 지속될 경우 불이익 조치를 취하겠다는 것을 구두로 경고했으며, 2단계 대화에서 확인서를 받았음에도 불구하고 여전히 문제행동이 고쳐지지 않는 직원이 존재한다. 이럴 때에는 공식 문서로 경고하는 3단계 조치가 필요하다.

공식 문서에 포함할 내용은 확인서 작성 때 사용했던 원리를 동일하게 적용하면 된다. 즉, 과거에 있었던 내용을 사실 중심으로 다시 언급하며, 이번에도 변화하지 않으면 다음 단계의 제재 조치를 취하겠다고 예고해주는 것이다. 경고 문서에는 다음의 5가지 내용이 모두 포함되어야 한다.

첫째, 1차 면담 시의 주요 내용.

둘째, 확인서 작성 사실 및 그 내용.

셋째, 2차 면담 시 통보했던 구두 경고 사실과 그 내용.

넷째, 최근에 재발된 문제행동의 내용.

다섯째, 문제행동 재발 시 조치사항 예고.

공식 문서에서 이렇게 자세하게 내용을 나열하는 목적은 명확하다. 최근 한 번만이 아니라 그동안 여러 차례 누적된 잘못이 있었으며, 그때마다 리더와 회사는 많은 노력을 기울였다는 것을 문서에 모두 나타나게 하는 것이다.

공식 문서 경고의
엄정한 추진

공식 문서로 경고를 받고도 직원의 문제점이 개선되지 않으면 어떻게 해야 할까? 경고한 내용 그대로 흔들림 없이 규정에 따른 징계 절차를 밟아야 한다.

징계위원회에서 제재를 할 수 있는 자료는 이제 충분히 축적되었다. 그동안 진행되었던 1~3단계까지의 모든 기록이 최고의 자료가 된다. 파면 등과 같이 극단적인 조치가 이루어지면 직원은 노동위원회에 부당 노동행위 구제신청을 하거나 법원에 소송을 제기할 수도 있다. 그러나 리더가 1~3단계에서 설명한 방법을 충실하게 따르고, 기록한 자료를 보관하고 있으면 회사의 조치가 부당하다고 판정될 가능성은 거의 없다.

반면에 객관적으로 볼 때 아무리 문제가 많은 직원이라도 점진적 징계 절차를 따르지 않거나 문제행동에 대한 기록이 없으면 회사는 징계의 정당성을 입증하지 못한다. 과거의 기록이 없으면 이번에 발생한 한 번의 문제행동에 대하여 징계를 한 것으로 밖에 보이지 않기 때문이다.

다만 예외적인 경우도 있다. 직원의 문제행동이 심각한 경우에는 1~3단계까지 거칠 필요 없이 바로 징계를 해야 하는 상황도 있다. 폭력행위, 직장에서의 범죄행위, 절도, 회사 문서의 위조, 중대한 직무 위반 등이다. 이러한 행위들에는 점진적 징계 절차를 따르지 않고 인사부서와 협의하여 바로 해고 등 중징계를 해야 한다.

직원을 칭찬과 격려로 이끄는 것이 탁월한 리더십의 바탕이다. 따라서 질책, 징계 등의 기법을 학습하는 것이 모순으로 보일 수 있다. 그러나 나무를 사랑한다면 가위질을 해주어야 한다. 조직의 구성원 한 사람 한 사람은 나무의 가지에 비유할 수 있다. 나뭇가지에 문제가 있으면 잘라주거나 바로잡아주어야 한다.

칭찬과 격려를 하지 않는 리더도 탁월한 리더가 아니지만 문제직원을 제대로 통제하지 못하는 리더도 탁월한 리더가 아니다. 필자가 많은 워크숍을 통해 만나본 우리나라 리더들은 이 2가지 모두에 취약한 사람이 많았다.

이 책에서 학습한 POBS 칭찬기법은 칭찬과 격려 능력을 키우는 데 도움을 주지만, ABCD 대화와 POAH_S 대화, 점진적 징계 기법은 직원을 통솔하는 능력을 키우는 데 유용한 지침을 줄

것이다. 이러한 대화법은 결국 성과와 관계라는 두 마리 토끼를 모두 잡는 탁월한 리더를 만든다.

POINT CHECK

1. 업무성과와 인간관계, 2가지를 모두 달성하려면 문제직원을 생산적으로 질책할 수 있어야 한다.
- 탁월한 글로벌 리더는 칭찬과 질책이 80:20의 비율이다.
- 질책은 환자의 수술과 같아서 방법이 잘못되면 부작용이 크다.
- 탁월한 글로벌 리더는 생산적 방법으로 질책하지만, 한국의 많은 리더들은 잘못된 방법으로 직원을 꾸짖는다.

2. 생산적 질책이 되려면 다음 2가지 사항에 유의해야 한다.
- 포커를 맞춰야 한다.
- 비공개로 질책해야 한다.

3. 고질적 문제직원에게는 점진적 징계의 방법을 사용해야 한다.
- 수차례 ABCD 대화, POAH_S 대화를 거쳐도 개선이 되지 않는 직원에게 사용한다.
- 점진적 징계 절차에 돌입하면 직원의 변화 가능성은 크게 높아진다.
- 끝까지 변하지 않는 직원의 경우 파면 등의 조치를 해도 법적 문제가 생기지 않는다.

4. 점진적 징계의 4단계
- 1단계: 1차 구두 경고.
- 2단계: 2차 구두 경고 및 확인서 작성.
- 3단계: 공식 문서 경고.
- 4단계: 공식 문서 경고의 엄정한 추진.

5. 확인서에 반드시 포함되어야 할 사항을 리더가 챙겨야 한다
- 1차 면담에서 나눴던 대화 내용을 사실 중심으로 기록한다.
- 2차 면담 때까지 발생한 문제행동 또한 사실 중심으로 기록한다.
- 문제행동이 중단되지 않을 경우 예고한 조치를 기록한다.
- 확인서 하단에 작성 날짜와 자필 서명을 한다.

6. 공식 문서에 포함되어야 할 사항들은 다음과 같다.
- 1차 면담 시의 주요 내용.
- 확인서 작성 사실 및 그 내용.
- 2차 면담 시 통보했던 구두 경고 사실과 그 내용.
- 최근에 재발된 문제행동의 내용.
- 문제행동 재발 시 조치사항 예고.

다시 출발하기

관리자에서 리더로,
리더에서 코치로

나는 직원들의 잠재된 능력을 이끌어내고,
불가능할 것으로 생각되던 문제의 해결방안을 찾아내는 과정에서
코치형 대화 프로세스의 효과를 놀랍게 경험했다.

_존 러셀, 할리 데이비슨 전 CEO

다시
출발하기

코치형 대화는
느슨한 관리가 아니다

오늘날 '코치형 대화'라는 말을 들어보지 못한 사람은 거의 없을 것이다. 하지만 이러한 대화를 배우고 실행하고자 하는 사람은 의외로 적다. 코치형 대화를 잘못 인식하고 있는 리더들이 많기 때문이다. 가령 이런 식이다.

"직원들은 강하게 몰아붙여야 합니다. 아니면 금방 기강이 풀어집니다."
"현장이 얼마나 바쁜데 한가하게 코치할 시간이 있습니까?"

코치형 대화가 직원을 느슨하게 풀어주어 결국 성과를 떨어뜨릴 것이라는 생각은 완전히 잘못된 생각이다.
영업부서의 일반적인 근무 형태를 생각해보자. 리더가 지시형이라면 아침에 직원에게 업무를 지시하고, 저녁에 일일활동 실적을 보고하도록 하는 관리방식을 사용할 가능성이 높다. 이렇게 하지 않으면 하루 동안 그들이 어디서 무엇을 하였는지, 심지어 사우나에서 놀다 오거나 친구를 만나서 수다나 떤 것은 아닌지 알 수 없다고 여긴다.

코치형 리더는 반대로 관리한다. 직원과 일의 방향성에 대해 충분히 대화하고 목표를 구체적으로 제시하지만, 그 일의 추진 과정은 직원에게 대폭 일임한다. 즉 하루 동안 무엇을 했는지 보고받거나 내일 할 일을 일일이 지시하지 않는다.

이런 특성이 있으니 코치형 관리를 느슨한 관리라고 오해할 수 있겠다. 그러나 '느슨한 관리'가 직원들이 목표에 대한 부담을 적게 갖거나, 성과가 낮아도 분명한 책임을 지우지 않는 관리방식을 의미한다면, 직원들을 가장 타이트하게 관리하는 방식이 코치형 관리이다.

지시형 리더와 일하는 직원은 성과가 낮아도 "시키는 대로 했는데 성과가 좋지 않았습니다. 제가 무엇을 잘못했습니까?" 하며 항변할 수 있다. 하지만 코치형 리더에게는 그런 변명이 절대 통하지 않는다. 직원으로부터 '실행 약속'을 받아내는 방식을 사용하기 때문이다. 다음에서 지시형 리더와 코치형 리더의 대화방법의 차이를 살펴보자.

지시형 리더의 대화 사례

강팀장: 송차장, 1/4분기 영업실적이 매우 낮은데, 무슨 문제가 있어요?

송차장: 나름대로 할 일을 했는데 그러네요. 앞으로 열심히 하겠습니다.

강팀장: 4월 한 달을 지켜볼 테니 분발해주세요.

(그 후에도 실적 변화가 없어 5월 초 다시 면담을 한다.)

강팀장: 송차장의 실적이 아직도 매우 부진해요. 지난달에 나와 열심히 한다고 약속을 했는데…… 영업한답시고 송차장이 사무실을 나가면 솔직히 어디서 어떤 활동을 하는지 알 수가 없어요.

송차장: (감정 섞인 목소리로) 아니, 팀장님, 제가 뭘 잘못했다고 그렇게까지 말씀하십니까? 그럼 제가 어떻게 하면 되겠습니까?

강팀장: 그동안 자율적으로 일하도록 했는데 성과가 안 나오니, 오늘부터는 매일 퇴근 전에 그날의 활동 내용과 실적을 보고해주기 바랍니다.

송차장: 그렇게 하지요……

(이후에도 송차장의 실적은 변화가 없었다. 6월에 다시 면담을 한다.)

강팀장: (화난 목소리로) 송차장, 내가 그토록 독려를 해도 발

전이 없으니 어찌하면 되겠어요?

송차장: (같이 화를 내며) 아니, 팀장님, 저에게 너무 심한 것 아닙니까? 업무실적이 낮은 것은 사실이지만, 저도 나름 열심히 하고 있습니다. 지난달부터는 매일 활동 내용도 보고하고 있지 않습니까? 시키는 대로 근무하고 있는데도 나무라시면 저더러 어쩌라는 말입니까?

강팀장: 당신, 도저히 말이 안 통하는구먼. 연말 실적평가 때 봅시다.

코치형 리더의 대화 사례

강팀장: 송차장, 올해 우리 팀의 매출 목표가 지난해보다 20퍼센트 증대하여 팀원 각자의 책임이 큽니다. 송차장이 많이 도와주세요.

송차장: 제 몫이 크다는 것은 알고 있습니다.

강팀장: 팀 차원에서 목표를 달성하려면 송차장이 담당해왔던 분야에서 지난해보다 최소 30퍼센트 이상 매출이 증대해야 합니다.

송차장: 제가 책임을 지고 계속 담당하겠습니다.

강팀장: 책임을 진다는 것은 어떤 의미로 하는 말씀인가요?

송차장: 인사평가에서 C급 감수, 내년도 업무 변경 등을 생

각합니다.

강팀장: 매출을 증대하는 방안이 있습니까? 세부 실행방안을 수립하여 일주일 이내에 함께 논의했으면 합니다. 가능하겠습니까?

송차장: 그렇게 하지요. 다음 주 목요일까지 완성해서 오후에 미팅을 하지요.

(목요일 오후, 2차 미팅을 한다.)

강팀장: (계획서를 보며) 2월에 '고객사 키맨들과 관계 형성'이라고 기록되어 있는데 예상 키맨들은 몇 명인가요?

송차장: 아직 거기까지는 구체적으로 생각하지 못했습니다. 보완하겠습니다.

코치형 대화와 지시형 대화의 차이는 분명하다. 코치형 대화는 업무 목표와 추진 방향을 직원이 명확하게 이해하게 한다. 또 직원의 입으로 실행 약속을 말하게 하여 실행력을 높인다. 마지막으로 결과가 나쁠 때 책임 소재도 분명히 한다.

직장의 리더들은 '바쁜데 언제 코치형 대화를 하라는 말이냐? 간단히 지시하는 것이 효과적이지'라고 생각하기 쉽다. 출근하면 눈코 뜰 새 없이 바쁘게 돌아가는 리더들의 스케줄을 생각하면 나올 수 있는 반론이다. 그러나 바쁠수록 코치형 대화를 해야 한다. 코치형 대화는 지시형 대화보다 당장은 시간이 더 걸릴 수 있다. 하지만 한 번의 코치형 대화는 그 후에 직원 스스로 일하는 능력을 키워주기 때문에 나중에 또 다른 지시를 해야 할 필요성이 줄어든다. 반복적 지시로 인한 시간 낭비를 줄여주기 때문에 궁극적으로 가장 효과적이다.

"바빠서 코치형 대화를 할 시간이 없다"는 것은 벌목작업 감독이 나무를 한 그루라도 더 베기 위하여 벌목공들에게 톱날 갈 시간을 주지 않고 독려하는 것과 같다. 반면에 코치형 대화를 하는 것은 벌목공에게 톱날을 갈 시간을 주어 작업 능률을 증대시켜주는 것과 같다.

코치형 대화는
얼마나 효과가 있을까?

코치형 리더십이야말로 최고의 성과를 낸다는 주장이 오늘날 많은 지지를 받고 있다. 지시형 리더와 달리 코치형 리더는 직원이 일하는 과정에 어떤 어려움이 있는지, 일처리에 문제가 있을 때에는 어떤 방법으로 도와줄 수 있는지 등에 관심을 집중한다. 다른 말로 하면 코치형 리더는 '직원들의 성공을 돕는 것'을 주된 역할로 생각하며, '직원들이 성공해야 비로소 리더도 성공할 수 있다'고 생각한다.

　이런 코치형 리더십은 현실에서 과연 어느 정도 효과가 있을까? 마크 휴스리드 교수는 다양한 분야의 1,000여 개 기업을 대상으로 리더의 대화 유형에 따라 조직의 성과가 어떻게 달라지는지 조사하였다.* 지시형 리더들에게 코치형 대화를 훈련시켰을 때 계량적인 조직 성과가 얼마나 증대하는가를 측정하는 방법을 사용하였다. 그 결과 1인당 매출액이 한화로 연간 약 3,000만 원에서 5,000만 원 정도 증가하였다. 또한 현금 회전율은 16퍼센트 이상 증대하였으며, 이직률은 7퍼센트 감소하였다. 다른 조건이 동일한 상황에서 단지 리더들의 대화방법만 바뀌었을 뿐인데 이러한 성과가 나타난 것이다. 코치형 대화가 얼마만큼 효과가 있는지 분명히 알 수 있다. 코치형 대화의 장점을 다양한 각도에서 정리해보면 다음과 같다.

코치형 대화가 리더에게 주는 긍정적 효과

첫째, 직원의 감정을 자극하지 않는 비폭력 대화를 하기 때문에 직원과 좋은 관계를 유지할 수 있다.

둘째, 감정을 중립적으로 표출하기 때문에 스트레스가 크게 줄어든다.

셋째, 직원과 파트너와 같은 신뢰관계가 형성된다.

넷째, 직원에게 업무를 더 많이 위임할 수 있기 때문에 보다 중요한 다른 일에 시간을 할애할 수 있다.

★
Baldwin, *Developing Management Skills*, McGraw-Hill, 2008.

코치형 대화가 직원에게 주는 긍정적 효과

첫째, 리더에게 자신의 부족한 부분을 배울 수 있다.
둘째, 자신의 업무방식에 대한 피드백을 받을 수 있다.
셋째, 질책을 받을 때에도 인격적 공격을 당하지 않는다.
넷째, 심리적 응원과 자기계발의 지원을 받을 수 있다.

코치형 대화가 조직에 주는 긍정적 효과

첫째, 직원들에게 창의적 아이디어를 끌어내어 업무성과가 증대된다.
둘째, 리더와 직원의 관계가 우호적이므로 조직 내 갈등이 줄어든다.
셋째, 직원의 문제행동을 적기에 바로잡아 조직 내 문제행동의 확산을 방지한다.
넷째, 직원을 미래의 리더로 육성하여 장기적으로 조직의 경쟁력을 강화시킨다.

높은 임금과 복지제도를 갖추고, 노사 간에 단체협약이 원만하게 체결되면 과연 노사 갈등은 없어질까? 이미 고전이 된 매슬로의 욕구 단계론에서 밝혀진 바와 같이, 직장인들은 연봉과 근로 조건 등 물질적 보상 못지않게 조직의 구성원으로서 존중받고 인격적으로 인정받고 싶은 강한 욕구를 지니고 있다.* 물질적 보상은 임금과 복지 수준으로 해결되지만, 심리적 보상은 출근하면 얼굴을 맞대는 직속 상사에 의하여 가장 많이 좌우된다.

어떤 기업이 임금과 복지 등 물질적 보상은 우수하지만, 조직 내의 많은 리더들이 직원들을 감정적으로 질책하고, 지시통제형 대화를 한다고 가정해보자. 반면에 다른 기업은 물질적 보상은 상당히 부족하지만 리더가 직원의 능력을 높여주고 서로 신뢰감을 형성하는 코치형 대화를 한다고 가정해보자. 이 두 기업 중에서 어느 곳이 노사 갈등이 적을까? 간단히 말하자면 후자의 기업이다.

오늘날의 직장인들은 과거에 비하여 학력이 높고, 정치 민주화 시대에 성장하였기 때문에 권리 의식이나 인정받고 싶은 욕구가 강하다. 이러한 환경에서 조직의 리더들이 효과적인 대화방법을 체득하는 것은 시대적 요구이자 당위가 되었다.

★
아브라함 매슬로, 《존재의 심리학》, 정태연·노현정 옮김, 문예출판사, 2012.

만성 적자에서 '상상할 수 없는' 흑자로, T사업부의 비밀

필자는 2007년 초부터 약 10개월에 걸쳐 경기도에 있는 K사의 T사업부 그룹장(부장급)들을 대상으로 코칭형 대화법을 교육했다. 당시 T사업부는 5개 사업부 중에서 경영성과가 가장 낮았을 뿐 아니라 5년 연속 적자를 벗어나지 못한 매우 어려운 상황이었다. CEO는 T사업부의 철수를 고민하던 중에 '직원들의 일하는 방법을 바꿔보자'는 생각으로 필자에게 간부들을 교육시켜달라고 의뢰했다. 간부들을 지시형 리더에서 코칭형 리더로 변화시키는 것이 교육의 목표였다.

교육 초기에 그룹장 9명의 리더십 행동 특성을 진단해보았다. 결과는 예상했던 대로 대부분의 그룹장들이 코칭형 리더와는 거리가 먼 지시형 리더에 속했다. 40대 초중반인 이들은 부장이 되기까지 다양한 리더십 교육을 받아왔지만, 막상 현장에서 발생하는 사람관리 이슈를 중심으로 하는 실천적 대화방법을 교육받은 경험은 거의 없었다. 코치형 리더십을 발휘하는 그룹장이 없는 것은 당연한 현상이었다.

   필자는 2007년 3월부터 사업부장인 상무와 그룹장 9명에게 코치형 리더십 스킬을 훈련시키기 시작했다. 교육 효과는 머지않아 나타났다. 5년간 적자를 면치 못하던 사업부가 코치형 리더십 교육을 실시한 지 8개월이 지난 시점부터 흑자로 전환되었다. 과거에는 K사에서 유일하게 적자 사업부였던 T사업부가 1년 후에는 경영성과가 가장 우수한 사업부로 탈바꿈하였다.

   이러한 성과가 단지 리더십 교육 때문이라고 가볍게 판단하기 전에, 필자는 사업부장과 함께 성과 개선의 원인을 다각도로 짚어보았다. 제품의 시장 가격이 높아졌는가? 원자재 값이 떨어졌는가? 경쟁사에 어려움이 있었는가? 분석한 결과 이러한 변수들은 아이러니하게도 모두 과거보다 더욱 악화되었다. 제품 가격은 더욱 떨어졌으며, 원자재 값은 20퍼센트가 인상되었고, 경쟁은 더욱 치열해졌다.

   그렇다면 흑자 전환의 원인이 어디에 있었을까? 이번에는 그룹장 9명과 인사팀 부장 그리고 현장 직원들과 인터뷰를 실시하였다. 이를 통하여 도출된 대답을 종합하면 "직원들의 일하는 방식이 확실히 바뀌었다"는 것이었다. 과거에는 가능하면 다른 사업부로 옮기려던 품질관리부 직원들도 업무에서 가치를 발견하고 근무의 활기를 되찾았다. 그동안 시키는 일만 불만스럽게 하던 직원들이 지금은 주도적으로 제안을 하는 등 고무적 현상들이 여러 곳에서 관찰되었다.

이 현상은 당시 사내에서 화제가 되었으며, CEO도 이를 칭찬하고 '현장 포상'을 실시하기도 했다. 심지어 CEO가 다른 사업부를 방문해 "T사업부 직원들처럼 일해야 한다"고 말하기도 했다. 1년 전까지만 해도 만성 적자를 벗어나지 못하여 질책의 대상이었던 사업부가 칭찬을 받는 모범 사업부로 바뀐 것은 사업부장의 표현을 빌리자면 "상상도 할 수 없는" 변화였다.

그렇다면 직원들의 일하는 방식이 획기적으로 바뀐 배경은 무엇인가? 사업부장은 이렇게 말했다.

"그룹장들이 바뀌었다. 과거에는 지시와 감독, 질책 중심의 대화가 대부분이었다. 그러나 지금은 그룹장들이 직원들과 정기적으로 일대일 대화를 한다. 업무 목표를 줄 때에도 코치형 대화를 하는 것이 조직문화로 자리 잡았다. 이를 보고 CEO도 타 사업부 그룹장들에게 'T사업부 간부들처럼 직원들을 리드하라'고 한다."

코치형 대화 능력은 학습과 훈련으로 쉽게 체득이 가능하다.

T사업부가 흑자로 전환한 원인은 무엇일까?
CEO는 말한다.
"코치형 대화법을 실천하자
직원들의 일하는 방식이 확실히 바뀌었다.
T사업부 간부들처럼 직원들을 리드하라."

코치형 리더십이 아무리 효과적이라고 할지언정 체득하기가 어렵다면 실용성이 낮다고 할 수밖에 없다. 그러나 T사업부 그룹장들은 교육을 시작한 지 얼마 되지 않아 전원이 코치형 대화를 실행하고 있었다.

POINT CHECK

포인트 체크

1. 코치형 리더십은 '느슨한 관리'가 아니다
- 지시형 리더십보다 더 확실하게 책임감을 심어준다.
- 지시형 리더십은 오히려 직원의 성과가 부진할 경우 변명의 여지를 남긴다.

2. 리더가 바쁠수록 코치형 대화를 해야 한다.
- 반복해서 지시해야 할 필요성이 크게 줄어들기 때문이다.
- 리더가 더욱 중요한 일에 전념할 수 있기 때문이다.

3. 코치형 대화는 조직을 성장시킨다.
- 첫째, 직원들에게 창의적 아이디어를 끌어내어 업무성과가 증대된다.
- 둘째, 리더와 직원의 관계가 우호적이므로 조직 내 갈등이 줄어든다.
- 셋째, 직원의 문제행동을 적기에 바로잡아 조직 내 문제행동의 확산을 방지한다.
- 넷째, 직원을 미래의 리더로 육성하여 장기적으로 조직의 경쟁력을 강화시킨다.

에필로그

결국 나와 함께 가야 할 '내 사람들'이다

곤충학자들에 의하면 개미들의 세계에 흥미로운 현상이 관찰된다고 한다. 얼핏 보면 개미들이 모두 부지런히 일하는 것 같지만, 열심히 일하는 개미가 있는가 하면 눈치 보며 대충대충 일하거나 노는 개미도 많다는 것이다. 이를 발견한 곤충학자들이 호기심이 생겼다. '열심히 일하는 개미들만 모아두면 노는 개미들은 없어지지 않을까?' 곤충학자들은 부지런한 개미들만 다른 장소로 이동시켜서 행동을 관찰하였다. 그러자 처음과 비슷한 비율로 다시 부지런한 개미와 노는 개미로 구분되는 현상이 나타났다.

개미에 대한 이 연구가 흥미로운 이유는 인간의 조직생활에서도 동일한 현상이 나타나기 때문이다. 예컨대 팀 활동에 적극적인 상위 20퍼센트 직원들만 모아서 새로운 팀을 만들면, 언제 그랬냐는 듯 그동안 열심이었던 직원의 일부가 태만하게 변해버리는 것이다.

개미와 인간에 대한 이러한 연구는 리더들에게 중요한 시사점을 제시해준다. 바로 어떤 조직에나 리더의 기대에 못 미치거나 속 썩이는 직원이 존재한다는 것이다. "왜 하필 저런 직원이 내 밑에 들어 왔을까?"라고 푸념하는 리더의 말 속에는 "다른 부서에는 문제직원이 없을 것이다"라는 가정이 녹아 있다. 그러나 십중팔구 다른 부서에도 문제직원은 존재하게 마련이다.

어떤 조직에나 문제직원은 있다. 문제직원은 능력이 부족하기 때문만이 아니라, 성격 갈등 때문에도 생겨난다. 예컨대 하버드대학 졸업자들만 모아서 팀을 만들면 능력 부족으로 문제되는 직원이 없을까? 아니다. 성격 차이로 인한 갈등은 능력이 우수한 사람들 사이에서 더 많이 생겨날 수 있다. 성장 배경과 가치관이 다른 성인들이 모여 있는 직장에서, 구성원들 간의 갈등은 항상 존재한다. 이렇게 볼 때, 세상 어떤 조직이라도 문제직원이 없는 곳은 존재하지 않는다 해도 과언이 아니다.

영화 〈벤허〉에 명장면으로 손꼽히는 대목이 있다. 나병에 걸려 동굴 속에서 격리된 삶을 살던 어머니와 여동생을 찾아낸 벤허가 "나병에 걸려도 여전히 나의 어머니이고 동생이다"라며 그들을 가슴으로 끌어안고 동굴 밖으로 나오는 장면이다. 이 순간 신비스럽게도 두 사람의 나병이 치유되는 기적이 일어난다.

직장의 리더들도 비슷한 마음가짐이 필요하다. 문제직원 때문에 힘들고 속상하더라도 "그들은 내가 함께 이끌고 가야 할 내 사람들이다"라는 마음가짐을 가져야 한다. 문제직원에게서 발전적 변화를 이끌어내는 일은 리더의 피할 수 없는 숙제인 것이다.

  이 책에서 소개한 대화방법은 직장의 모든 리더들이 직원들과 나날이 사용할 수 있는 것들이다. 이 대화방법을 배운 리더라면 부족한 직원을 바로잡을 수 있다는 자신감이 생길 것이다. 다만 이러한 방법들이 지식으로 머무르지 않고 현장에서 실행되어야 한다. 우선 머리로 이해되었다면 탁월한 리더로 성장하는 데 좋은 시작을 한 것이다. 지금부터는 머리의 지식을 습관으로 만들어가면 된다. 어렵지 않다. 처음에는 익숙하지 않겠지만 조만간 습관으로 정착될 것이다. 이것은 리더 자신과 직원들의 행복한 성공을 가져오는 데 획기적인 자산이 되리라 확신한다.

에필로그
결국 나와 함께 가야 할
'내 사람들'이다

부록 | 관리격자 이론

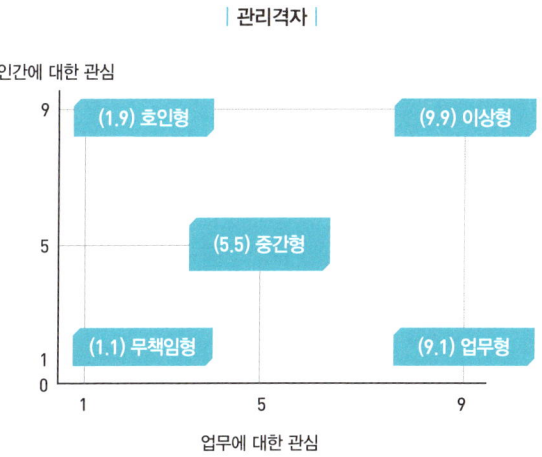

| 관리격자 |

미국 텍사스대학의 블레이크와 머튼 교수가 체계화한 관리격자 Managerial Grid 이론은 인간관계를 높이면 업무성과도 떨어질 수밖에 없다는 점을 학문적으로 명료하게 입증하고 있다. 관리격자는 4개의 상한으로 리더십의 좌표축을 구분한다. X축은 '업무에

대한 관심'의 정도를, Y축은 '인간에 대한 관심'의 정도를 나타낸다. 그리고 이 2가지 측면을 기준으로 리더의 유형을 5가지로 나누고 있다.*

1. 호인형(1.9형)

업무에 대한 관심은 매우 낮지만 인간에 대한 관심은 매우 높은 유형이다. 이러한 리더는 업무실적 증대보다 직원과 친해지는 데에만 관심을 갖는 부류로, '컨트리클럽형 리더'라고 부르기도 한다. 동호회, 친목회 등의 조직이라면 이들이 좋은 리더라고 할 수 있겠지만 이익 증대가 목표인 조직의 리더로서는 문제가 많다. 오늘날 "업무실적이 인격이다"라는 말이 있을 정도로 성과 달성이 직장인의 1차적 존재 이유인 점을 감안할 때, 이러한 리더가 조직 내에 장기적으로 자리를 지키기는 어렵다.

2. 업무형(9.1형)

성과 달성에 대한 관심은 대단하지만, 직원들을 인격적으로 대우하거나 그들과 우호적 관계 맺는 데는 전혀 신경 쓰지 않는 유

★

Blake & Mutton, *The Managerial Grid*,. Houston, TX, 1964.

형이다. 이들은 호인형의 반대 유형으로, 목표 달성을 위해 직원들을 더 압박해야 한다고 생각한다. 그러나 과도하게 업무만 챙기는 리더는 단기성과는 좋을 수 있지만, 시간이 흐르면 급격하게 성과가 떨어진다. 특히 창의성과 상호 협조가 필요한 업무에서는 단기적으로도 좋은 성과를 달성하지 못한다. 결국 지나친 업무 중심형 리더는 직원들은 물론 CEO에게도 우수한 리더로 평가받을 수 없다.

3. 무책임형(1.1형)

업무에 대한 관심도 인간에 대한 관심도 부족한 유형이다. 리더로서 가장 바람직하지 못한 경우이다. 오늘날 실제 조직에서 이러한 리더는 거의 없다고 봐야 한다. 공공 조직이든 기업 조직이든 '효율성'과 '비용 절감' 등이 유행어가 되고 있는 오늘날, 업무 실적도 나쁘고 직원들에게도 존경받지 못하는 리더가 조직에서 자리를 차지하고 있기란 불가능하기 때문이다.

4. 중간형(5.5형)

업무에 대한 관심과 인간에 대한 관심 모두 중간 정도의 수준에 있는 유형이다. 다르게 표현하면 업무 추진력도 부족하며 직원에 대한 인간적 배려도 부족한 경우라고 할 수 있다. 어느 한쪽에 치우치지 않고 균형을 이루고 있어 '호인형'이나 '업무형'보다 나은 듯 보이지만 문제가 많기는 마찬가지이다. 치열한 경쟁의 환경에서 중간 수준의 능력을 갖추었다는 것은 곧 부족하다는 말과 같다. 성과 달성의 절박함이 그다지 심하지 않았던 20~30년 전이었다면 이러한 리더들이 자리를 오래 지킬 수 있었을지 모르나, 오늘날 중간형 리더가 자리를 오래 지킬 수 있는 데는 많지 않다.

5. 이상형(9.9형)

업무에 대한 관심과 인간에 대한 관심이 모두 높은 유형이다. 이 책에서 말하는 탁월한 리더가 바로 9.9형 리더이다. 보통의 리더들은 업무에 대한 관심과 인간에 대한 관심 2가지 중 어느 하나를 추구하면 다른 하나는 포기해야 한다고 생각하기 때문에 이상형의 리더가 되기가 불가능하다고 말한다. 그러나 이것이 가능하다는 것을 분명하게 보여주는 것이 관리격자 이론의 이상형 모델이다. 블레이크와 머튼 교수가 이 모델을 주창한 이후, 학계는 물론 많은 리더십 훈련에서 관리격자 이론이 광범위하게 활용되고 있는 것도 이러한 학습 포인트가 있기 때문이다.

참고문헌

- 김영기, 《코칭대화의 심화역량》, 북마크, 2014.
- 아브라함 매슬로, 《존재의 심리학》, 정태연·노현정 옮김, 문예출판사, 2012.
- 다니엘 골먼, 《감성의 리더십》, 장석훈 옮김, 청림출판, 2003.
- 더글러스 스톤 외, 《대화의 심리학》, 김영신 옮김, 21세기북스, 2003.
- 로브 커피 외, 《인력관리》, 현대경제연구원 옮김, 21세기북스, 2000.
- 마커스 버킹엄, 《위대한 나의 발견 강점혁명》, 박정숙 옮김, 청림출판, 2005.
- 마커스 버킹엄 외, 《사람의 열정을 이끌어내는 유능한 관리자》, 한근태 옮김, 21세기북스, 2006.
- 말콤 글래드웰, 《아웃라이어》, 노정태 옮김, 김영사, 2009.
- 밥 애덤스, 《팀장 리더십》, 임태조 옮김, 위즈덤하우스, 2005.
- 스티븐 스토웰 외, 《윈윈파트너십》, 21세기북스, 2002.
- 신유근, 《인간존중경영》, 다산출판사, 2005.
- 제임스 퀵 외, 《CEO 건강경영》, 김영기 옮김, 미래의 창, 2005.
- 제임스 헌트, 《서번트 리더십》, 김광수 옮김, 시대의 창, 2002.
- 존 휘트모어, 《코칭리더십》, 김영순 옮김, 김영사, 2007.
- 짐 콜린스, 《좋은 기업을 넘어 위대한 기업으로》, 이무열 옮김, 김영사, 2002.

- 켄 블랜차드, 《칭찬은 고래도 춤추게 한다》, 조천제 옮김, 21세기북스, 2002.
- 틱낫한, 《화》, 최수민 옮김, 명진출판, 2002.
- 패트릭 렌시오니, 《CEO가 빠지기 쉬운 5가지 유혹》, 송경모 옮김, 위즈덤하우스, 2007.
- 혼마 마사토, 《질책의 힘》, 한상국 옮김, 에이지21, 2004.
- EBS, 《설득의 비밀》, 쿠폰북, 2009.
- Baldwin, *Developing Management Skills*, McGraw-Hill, 2008.
- Blake & Mutton, *The Managerial Grid*, Houston, TX, 1964.
- Deutch, R., "The gratitude effect in the social support", *Journal of Research in Personality*, 1987.
- Janasz, Dowd, *Interpersonal Skills in Organizations*, McGraw-Hill, 2009.
- Johnson & Johnson, *Joining Together*, Pearson Custom Publishing, 2012.
- Kirschenbaum, "Self-regulation and sport psychology", *Journal of Sport Psychology 8*, pp.26~34, 1984.
- LeDue, A. I. Jr., *Motivation of Programmers*, Data Base, 3, 5. 1980.
- Liker, K. Jeffrey, *The Toyota Way*, McGraw-Hill . 2004
- Peter Senge, *The Fifth Discipline*, 2006.
- Triplett, N., "The dynamogenic factors in pacemaking and competition", *American Journal of Psychology*, 1898.
- Whetton & Cameron, *Developing Management Skills*, Prentice Hall, 2005.